海老诗词选
续 编

海老文集·卷六

海老 著

易文出版社·纽约

Published by I Wing Press, New York
iwingpress@gmail.com
February 2025, First Edition, First Printing
ISBN: 978-1-961768-12-3

海老诗词选 续编

海老文集 • 卷六

海老 著

出 版 人：邱辛晔
封面题签：海　老
美编设计：王昌华

出　版：　易文出版社 • 纽约
版　次：　2025 年 2 月 第一版，第一次印刷
字　数：　130 千字

前面的话

去年六月出版《海老文集》共五卷，其中一卷为《海老诗词选》，收集了十几首年轻时写的一些诗词，和从 2020 年 2 月开始到 2023 年 2 月两年中的大部分诗词作品，共超过 500 首。

现在这个准备印刷成书的《海老诗词选续编》，收入了从 2023 年 3 月开始到 2024 年 8 月底为止的所有诗词作品，期间每天没有中断过，共 18 个月，加上有时每天不止一首，共有超过 550 首的诗词作品。因此赶紧汇集成一卷，否则篇幅太大印出的"本本"会太厚、太重。

其实还有数量不少的在 2020 年 2 月以前的诗词作品，那时候没有出版的想法，保留比较混乱，甚至遗失不少，需要更多的时间收集整理，希望也能出一卷《海老诗词选（前身）》或称《海老诗词选（负一）》。

学习写作诗词，尤其是古典诗词，没有太多的想法，只是爱好，爱好用诗词的形式记录生活中的点点滴滴。

所居之地美国宾夕法尼亚州匹兹堡阿拉根尼郡的维罗纳镇，有山有水，山清水秀；有禽有兽、禽鸣兽走，加上春花、夏雨、秋霜、冬雪，四季分明、风调雨顺、乡人和谐、生活安宁，是一幅延绵不断，无尽永在的画卷。

一位好友曾说："匹兹堡的山水是你创作的源泉。"是的，这里的自然景色、人文环境确实是我创作的源泉。

身边的一条阿拉根尼河，岸边的一张"蓝椅"，是每次散步途中坐着休息的"专座"，从"蓝椅"向四周望去，虽然是永不变的山、永不变的水，融汇脑中的不同的感慨和变换的情绪，每每会看到的是，千变万化的一幅幅美丽图画。可以从每一件作品中窥探，虽似曾相识，但绝不重复。这就是人复杂的思维变化和自然现象之间排列组合互动产生出来的无穷无尽的结果。所谓心中有景，眼中是景；眼中有景，心中有景。

可见人的感慨、情绪、思维很重要，如果没有这些形而上的参与与自然的互动，匹兹堡的山水也最多用春、夏、秋、冬四张照片就可以完全表达出来了。

学习用古体形式写诗词，并不会一下子就写得十全十美，如果单单用古人定下的规矩衡量，一定会找出很多不符合"律"的地方。这一点问题连如苏东坡、辛弃疾、李白等古代大家都间或会有，但因为他们是大家，作品流传千古，其中展现的意境（感慨、情绪、思维）能令任何人感同身受，所以人们不太会与他们"计较"合律、不合律的问题，甚至为他们的"律"搞一个"变体"。因此有许多词的"变体"可以多到十几种。

有一位潜心研究古体诗的朋友曾向我提出过这个问题，我回答是，你好好研究古人，千万别研究我！我只是记录生活！

宇宙的客观规律是，一切都在不断变化。就"诗"这个文字形式，也一直在变化。从据说是孔老儿整理出来的"诗经"里，就有"赋、比、兴、风、雅、颂"，就遵循各种不同的表现形式。三千年来，什么辞、赋、乐、诗、词、曲乃至自由诗（现代诗）不是都在变化吗？譬如古人把性行为描绘成"云雨"，而今的诗人，就直接称"睡你"，还有许许多多给他们捧场的，并赋予这类诗人许多名人头衔和"领导"职务。

所以，当今各种交流平台中，跟诗词有关的"群"什么的，冒出许许多多自称"当代著名诗人"的。呵呵，真是"诗人"辈出，蔚为大观。

遗憾，以我自己的水平自知连"诗人"都称不上，更何况加上"当代著名"的头衔。不敢与他们比肩，只好自己掏点银子，自己印制几本"选"，留给自己的至爱亲朋就好。

宇宙本就变无穷，
何况人脑原天聪。
提炼文字传意境，
莫叫成规束融通。

又：

写完这段话，发去成都好友王跃斌先生，请他润色。他的回复对文字评价用了"直抒胸臆"四个字。并用我文中那首诗的韵回了一首诗：

文字妙用幻无穷，
且看诗心映慧聪。
挥墨成章书雅韵，
成规新诗互融通。

我觉得他的这首诗更好，更能反映我对现代人学习创作古典诗词的感悟，但又不能把这首诗窃为己作，就把他加在这篇《前面的话》，借为己用吧。

在此感谢感谢王跃斌先生！

二〇二五年二月二十四日于维罗纳自寓

目　录

十二月诗词 215

2024

2023

三月诗词

《临江仙·春意》

丝雨寝润茵绿，蕙风吹爆蕾红。
一日上下景不同。或感欣冉冉，却又郁忡忡。

只道新句易写，哪知离情难终。
水去云还各西东。三杯泸州窖，一窗半月弓。

2023 年 3 月 1 日于维罗纳自寓

《七言·春暮》

老来方知少年痴，而今了悟也不迟。
十里秀岭对伫望，一脉春水任周驰。
学圃未遂丘首愿，倚醉莫理蒲柳姿。
杯酒酌过霞云落，试填新诗替旧诗。

注：

丘首～怀念故乡。《礼记·檀弓上》："古之人有言曰，狐死正丘首，仁也。"郑玄注："正丘首，正首丘也。"孔颖达疏："所以正首而向丘者，丘是狐窟穴根本之处，虽狼狈而死，意犹向此丘。"后以"首丘"作怀念故乡，也作"归葬"。

蒲柳～水杨，一种入秋就凋零的树木。南朝宋刘义庆《世说新语·言语》："蒲柳之姿，望秋而落；松柏之质，经霜弥茂。"比喻未老先衰，或体质衰弱。也比喻轻贱。

2023 年 3 月 2 日于维罗纳自寓

诗友芊芊的原诗：

《五律·花寻》

啜饮芳卿醉，林深粉径幽。
栖枝莺对语，缓步我独游。
五瓣丁香少，一丛月季柔。
唯忧风雨起，坠落使人愁。

《五言·春雪》

惊蛰节气，一夜寒风，竟漫天飞雪。

一夜寒风凛，满枝梨花粉。
逢节不惊蛰，按季难春分。
天道失常例，人间有怨愤。
莫是万里外，兵火玉石焚。

2023 年 3 月 14 日凌晨于维罗纳自寓

《七言·致伊利华报》

用"伊、利、华、报"四字组一首藏头诗：

伊何砥磨成世器
利从寸心不亏义
华封三祝及众族
报享自然从天赐

注：
伊何～为何。
世器～经世之器（才）。
寸心～内心。
华封～古时的华夏族聚居之处。
三祝～古时颂祝，祝人寿、富、多子，为"三祝"。
报享～上帝酬答祭享。

2023 年 3 月 15 日于匹兹堡

《七言·无题》

治肴与女婿对饮。

生老病死有来由，主掌在天莫杞忧。
星火可以焚云厦，凌波一样覆巨舟。
是众公器勿多贪，非己世利应少求。
安立方外且笑乐，常作沉酣一醉休。

2023 年 3 月 16 日于维罗纳自寓

《七言·春雪》

新草茵茵半悒慄，皆因春雪强作袄。
江水西去凌波静，寒风北来啸声高。
惊雁收翅惊芦窝，归鸦不啼归林巢。
可怜樱树万千花，一夜零落遭贱蹈。

2023 年 3 月 17 日于维罗纳

《昭君怨·春寒料峭》

近日初春如冬，偶飘雪。

都道春寒料峭，最苦春梅花早。
飞雪掩冷香，立孤峤。

却是繁花润雨，夺了虚名幻耀。
可叹世尘同，唯一笑。

注：
峭～读 qiao。
峤～山尖而高。

2023 年 3 月 18 日于维罗纳自寓

6

《七言·相聚》

后日将赴加州,与多年未见之众兄弟姐妹相聚。长姐九十高龄,幼弟亦逾古稀。一向聚少离多,无限感慨,至夜不能眠。

也无丽日也无风,寒春恰与寒冬同。
闹树繁花衰萎败,绿坪凡草依郁忡。
感时伤离情无已,品醪孤酌杯莫空。
相见必有泪一掬,緣都古稀老妪翁。

2023 年 3 月 19 日凌晨于维罗纳自寓

《自由诗·春分》

既然有"诗"坛有"梨花体"和"浅浅体"什么地,俺就来一个"恶恶体""邪邪体""坏坏体"……。给"诗"坛凑一份恶心…!

地球舞动摇摆
不断倾斜
倾斜二十三度半
就又摇摆回来

它不会倾斜过度
让寄生的冻死
它不会倾斜不足
让寄生的热死
这么年复一年
恰到好处地摇摆

在摆去摆来的某一刻
把黑白分成等分
不会偏袒了黑
也不偏袒了白

俺倒是想看看
几时它来一个过度摇摆
让那些寄生的吃些苦头
冻死或热死

反正
俺就是那么恶
俺就是那么邪
因为
俺是就是寄生的坏种
......

2021 年 3 月 19 日（明日春分）于维罗纳自寓

《五言·植苗》

将温水育出芽之葱、蒜、韭苗先移至陶盆中，待气候稳定回暖再植后院土中。

植苗在陶盆，原为催新根。
待到时暖日，再移院厚坤。
葱蒜与春韭，刈割复盆飧。
万物皆天赐，鞠躬谢天恩。

注：

厚坤～大地。

飧～读 sun，熟食。

《鹊踏枝·春微暖阳江边行》

日间虽有暖阳，然依然寒冷。

垂盼暖阳似为久。
今日春来，寒意还依旧。
掠水翔燕耆迁叟，摇曳新芦岸上柳。

山远绵绵状屿嵝。
何事嗟忱，鹏风几时有？
不如花前一壶酒，恸醉消得一怀愁。

注：

迁叟～迂阔的老人；远离世事的老人。

唐白居易别号，其《迁叟》诗："初时被目为迁叟，近日蒙呼作隐人。"

宋司马光自号迁叟，其《独乐园记》："迁叟平日多处堂中读书，上师圣人，下友群贤。"

宋苏轼《二鲜于君以诗文见寄作诗为谢》："迁叟向我言，青齐岁方艰。"

鹏风～《庄子．逍遥游》："（鹏）抟扶摇而上者九万里。"

2023 年 3 月 20 日于维罗纳阿拉根尼河畔

《相见欢·出行》

凌晨搭机，匹兹堡～三藩市。匹兹堡机场因春假人声鼎沸，三藩市春雨溟溟。

乖女驾车送行，一天星。
时逢春游机场人沸鼎。

虽老未笃得尊，走省径。
巨艋破云平落雨溟溟。

注：

笃～笃老。衰老已甚。
省径～简捷。
（全句意思：因年迈老态而受被工作人员照顾不用排长队）

2023 年 3 月 21 日于加州硅谷弟弟家

《七言·和海牙诗友初见诗》步韵

今在加州珀拉阿图一川菜馆与海风诗社诗友海牙相见，甚欢。分别后海牙即赋七绝一首记之，吾以此和之。

贤女学养足惠馀，诗情风骨胜黄初。
川蜀一聚知兰味，倩语如读十年书。

注：

惠馀～馀惠。好的评价。

黄初～黄初体。诗体之一，具有建安风格。

兰味～《易．系辞上》："二人同心，其利断金；同心之言，其臭如兰。"后以"兰味"喻意气相投。

倩语～女孩子娇好的声音。

2023 年 3 月 22 日于加州芒亭维尔大姐家

海牙原诗：

记海老初见

拔牙

03/22/2023

湾区一直下雨，难得今天绵雨初歇，逢海老来湾区探亲友，得缘一见，相谈甚欢。七绝以记之，曰：

花暖湾清新雨馀，诗文久拜面容初。

已尝川蜀原乡味，笑世还将五卷书。

《七言·致卉萍姑娘》

雨后初阳洗俗尘，小街雅静会交亲。

一杯清茗三馔肴，千里论道万世谭。

愧笑当年误拔牙，仰佩眼前是学珍。

诉畅心相难尽意，堪可天涯作比邻。

注：

交亲～相互亲近，友好交往。

拔牙～卉萍昵称"拔牙"，一直误为牙医。

心相～思想、兴趣。

2023 年 3 月 23 日于加州硅谷弟弟家

《七言·加州探亲》

余一母十同胞，早年随父母移民来美，除余均居加州南湾。父母弥留及终，余至相陪凡十年。现有两姐妹故去，尚馀七胞，长姐九十，幼弟七十一，均逾古稀。相见甚恋。

兄弟相见语不休，老姐新寡凄泪流。
世上恨有东西路，至亲平添别离愁。
陶朱泛湖狗烹识，阳明悟道格竹求。
莫道分襟转身去，十年相濡恋加州。

注：

陶朱～陶朱公，范蠡。春秋末期越国大夫。字少伯，越被吴打败后，随勾践到吴国做三年人质。回越助越王刻苦图强，灭亡吴国。后离开越国，周游齐国，经商致富，别号陶朱公。

狗烹～良弓藏，走狗烹。

阳明～明代思想家王守仁，创"阳明心学"。

格竹～王阳明拜谒娄谅。娄谅向他讲授"格物致知"之学，之后他遍读朱熹的著作，思考宋儒所谓"物有表里精粗，一草一木皆具至理"的学说。为了实践朱熹的"格物致知"，有一次他下决心穷竹之理，"格"了七天七夜的竹子，什么都没有发现，人却因此病倒。从此，王阳明对"格物"学说产生了极大的怀疑，这就是中国哲学史上著名的"守仁格竹"。

2023 年 3 月 24 日于加州弟弟家

《鹤冲天·酬和嘉辉暨谢诸亲》

今匹兹堡大学新建"电子墙",匹兹堡有四华裔著传统诗词选登,匹兹堡诗词评委诸友前往观赏并茶聚,嘉辉填词记之,逐步韵酬和。

三生石上,早在前世望。
佛指在宾州,遂尊向。
果然佳俊会,风流聪慧俶傥
相违应快怅。
才子佳人,俱是三十二相

泰山云雨,莫被一叶目障。
善友皆亲仁,互修荡。
帮挈无忤与物,便宜事和充畅。
煦濡迭时饷。
始终令名,彼此酬和交唱。

注:

快怅～抱歉。

三十二相～佛教语。《大智度论》卷四:谓佛陀具有的三十二种不同凡俗的显着特征,与微细特征八十种"好",合称"相好"。如足下安平、手指纤长、金色、丈光、身如师子、广长舌、绀青眼、顶成肉髻和眉间白毫等相。

修荡～学习宣扬。

无忤～不抵触、不违背。

与物～处事。

便宜事～合乎时势要求的事宜或根据情况应采取的措施。

迭时饷～长时间,好久。

令名～美好的声誉，美好的名称。

2023 年 3 月 24 日于加州圣荷塞弟弟家

嘉辉原词：
鹤冲天·戏计老（耆卿体）

电子墙上，君得佳人望。
盼首在加州，凭东向。
未遂风云会，少了先生倜傥。
无须话惆怅。
才子词人，君是白衣卿相。
满城春雨，化作丹青屏障。
同路有同仁，坦荡荡。
莫道泛湖格物，风流事，平生畅。
青春都一饷。
抛却浮名，还在浅斟低唱。

《五言·餐》

今与加州三十一家人于近三藩市机场附近之半岛海鲜酒家聚餐，餐馆坐落海湾处，拱窗远望机场跑道尽头。餐前沿海堤信步，观飞机起落。

蓝天映水碧，春风扑面爽。
信步延海堤，聚餐望机场。

2023 年 3 月 25 日于三藩市机场半岛海鲜酒家

14

《七言·扫墓祭亲》

父母、姐妹等八人亡故均葬加州湾区帕拉阿托墓园，今约众兄弟姐妹及子侄众人扫墓。

时逢清明祭亡过，众人思亲吟悲歌。
新逝新坟争新草，空位空凄占空坡。
春寒清风倒春寒，情多儿女哀情多。
为行不愧生时敬，当学老莱舞婆娑。

注：

亡过～亡故、去世。

空位～给尚未亡故的亲人留的墓穴。

老莱～老莱娱亲、戏彩娱亲。春秋末楚国老莱子穿五彩衣作婴儿状以娱父母之事。老莱子，老姓，失其名，故称老莱子。为《二十四孝》中戏彩娱亲的主角。《史记》记《老子韩非列传》中。言曾著书十五篇，言道家之用，司马迁疑老莱子或是老子，但又存疑。

特别说明：

借此典意，是对于父母亲人在他们活着时，应以行动敬爱，就如老莱子，穿着彩衣，跳舞逗父母开心的例子。

但鲁迅曾在《朝花夕拾·二十四孝图》中表示："其中最使我不解，甚至于发生反感的，是老莱娱亲和郭巨埋儿两件事。……而招我反感的便是诈跌。……师觉授《孝子传》云，老莱子……常衣斑斓之衣，为亲取饮，上堂脚跌，恐伤父母之心，僵仆为婴儿啼。（《太平御览》四百十三引）较之今说，似稍近于人情。不知怎地，后之君子却一定要改得他诈起来，心里才能舒服。"

这是鲁迅对《二十四孝图》里把老莱子弄得不近人情过份的"做形作状"表示反感。并不反对活时孝敬的行为。

2023 年 3 月 26 日于加州湾区帕拉阿托墓园

《阮郎归·硅谷会校友》

昨（3月26日）与上海南洋模范中学美国校友会周孟宇会长，在硅谷圣荷塞一沪食小笼包馆相会，交谈甚欢。

加州春半花竞逐，校友会硅谷。
耄耋鬓白才俊卓，忘年情谊和。

忆往昔，欢聚多，海天满曾读。
沪上学堂谁优呵，笑谈数"南模"。

2023 年 3 月 27 日于加州圣荷塞弟弟家

《忆帝京·忆亲聚》

来加州扫墓探亲，八日中竟五日雨，损阳光州名。与亲约九月再来。

闻名阳光雨天气，又尝别离滋味。
空港候一更，困欲昏昏睡。
喧闹不成眠，一夜如一岁。

待九月再乘云輧，拜严慈万年吉地。
庆女婚嫁，重聚天伦，喜听儿孙家克计。
谁怜一寸心，顿流千行泪。

注：

一更～一个时辰，相当两小时。
闻名阳光～加州阳光举世闻名。

16

空港～飞机场。

云彎～骏马，或飞驰的云。这里指飞机。

严慈～父母。

万年吉地～墓地。

家克计～持家之道。

寸心～内心。唐杜甫《偶题》："文章千古事，得失寸心知。"

2023 年 3 月 28 日于三藩市国际机场

《七言·回程》

联航 1204 于 2023 年 3 月 29 日晨 6：50，提前 24 分钟到达匹兹堡机场。

东方晨曦初露新，余倦杕步隔夜人。

莫恨离程千里远，心中长留一家春。

注：

余倦～明显倦色。

杕步～拖着脚步，脚不离地缓步移动。杕，"曳"之讹。据《吕氏春秋.异用》："孔子之弟子从远方来者，孔子荷杖而问之曰：'子之公不有恙乎？'搏杖而揖之，问曰：'子之父母不有恙乎？'置杖而问曰：'子之兄弟不有恙乎？'杕步而倍之，问曰：'子之妻子不有恙乎？'""陈奇猷校释"孙(诒让)蒋(维乔)以'杕'为'曳'之讹，是也……上问兄弟已置杖，此时杖已不在手中，故问妻子则曳步。"一说，"杕步"应为"曳杖""杖步"。

隔夜人～一晚上没有睡觉之人。

2023 年 3 月 29 日于晨匹兹堡国际机场

《七言·同归于尽》

2001年9月11日，一帮暴徒劫持美国数架民航客机，两驾撞向纽约世贸双子楼、一架撞向美国国防部五角大厦，还有一架准备撞向美国总统府白宫，但被勇敢的乘客与匪徒搏斗几乎夺回飞机控制权，但时不我待，不幸在飞到宾夕法尼亚州索美塞特县的乡村尚克斯维尔附近坠毁。

今天十二岁四个月的外孙，在学校组织下去飞机坠地处所建纪念馆参观，缅怀英雄。

外孙回谈，心有戚戚，故我陪伴聊天解怀，至他安睡。

铁艋晴空任弘阔，岂容贼戮强豪夺。
众士舍命同归尽，丹心长留青史说。

2023年3月30日于匹兹堡雪尔镇女儿家

《七言·戏和白居易赠元九李二十》

仿体并步韵。

一千寺司述衷情，伍百义立言真声。
不究平仄合体律，只道尚德尊士行。
常因岐误赚丢份，岂顾身后留虚名。
放胆浪投称倚大，新书五卷望事成。

注：

寺司～"诗"字和"词"字的半边，调侃自己的诗词不成熟。
义立～义，读Yi。"文"字和"章"字的掐头去尾，调侃自己

18

的文章不成熟。

　　尚德～崇尚德政。

　　士行～士大夫（绅士）操行。

　　浪投～盲目抛掷（指没有经验）。

　　依大～依靠长者（指依靠能者）。

　　新书～向出版社投送的书。

2023 年 3 月 31 日凌晨于匹兹堡雪尔镇女儿家

白居易原诗：

编集拙诗成一十五卷，因题卷末，戏赠元九、李二十。

一篇长恨有风情，十首秦吟近正声。

每被老元偷格律，苦教短李伏歌行。

世间富贵应无分，身后文章合有名。

莫怪气粗言语大，新排十五卷诗成。

注：

　　元九～元稹，字微之（诗中称"老元"）。和白居易共同提倡"新乐府"。世与白居易并称"元白"，两人诗风为元白体。

　　李二十～李绅，字公垂（诗中称李伏，李绅身矮戏称"伏"）。唐大臣，曾参与牛李党争。亦为诗人，文学上，参与新乐府运动。其《悯农》诗"锄禾日当午，汗滴禾下土。谁知盘中餐，粒粒皆辛苦。"至今脍炙人口。

　　矮矮墙围小小亭，竹林深处昼冥冥。红尘不到无余事，一炷香消两卷经。

四月诗词

《七言·戏改古人诗》

愚人节、清明、春暖花开、下起雪来。

在一成人英语学习班里，听老师说，匹兹堡有一条谚语，意思是形容一个人态度变化快（俗话说翻脸翻得快），会说："怎么像匹兹堡四月的天气！"。

如今这么多年待下来，也确实体验了匹兹堡四月天气的反复无常。

过几天就是清明，希望是春色满园，春光明媚的天气来应应春天的景吧！

先戏改一首古人的诗：

清明时节雪纷纷
愚人玩笑莫伤魂
常时心平度三有
诗酒一乐隐寒村

注：

三有～指"仁慈、节俭、不为天下先"三种品德。佛教"三有"谓：三界欲有、色有、无色有。认为三界之生死境界有因有果，故谓之"有"。

《七言·清明》

录一首旧诗

清明梨花似雪飘，他乡墓园倍寂寥。
千百纸花依碑插，三两晨雀绕枝叫。
冢前一哭因思亲，坟头再拜为尽孝。
生时应敬需当敬，何曾闻得九泉笑。

说明：

（家父母分别殁于九六及二〇〇〇年，同穴葬于美国加州湾区
珀拉阿图一公墓）
时见因纸花鲜花之争有感而作。

《七言·随感》

清明时节，祭奠先人，怀念故友。

春分不长不短夜，清明又冷又热天。
水边芊芊青草绿，山上森森细叶靛。
潇潇丝雨润新苗，隐隐轻泣祭故先。
原是死别生离时，疫疫相害倍世念。

注：

世念～尘世之念，俗念。

2021年4月1日（是日西方愚人节）于维罗纳自寓

《七言顺口溜·愚人节愚人言》

火车出轨泄毒燃，米国烧掉半边天。
疯车狂飙闹夜市，燕人媚步学邯郸。
哎啊老五脱颖出，大佬成千忧心悬。
既允踢唾祸年少，何拒脸谱输华川。

注:

泄毒燃～三月，美国俄亥俄火车出轨，令所载化学液体溢出，救援人员按规程点火燃烧溢出物，至烟火冲天。

半边天～许多不明中文网站贴出半个美国被烧毁之信息。

疯车～30日传有驾车疯狂冲撞夜市人群。但消息很快被删。

邯郸～河北一三千余年古城。全句引"邯郸学步"成语。《庄子·秋水》载：战国时有燕国少年到赵国邯郸，看人走路姿势很美，就学，不但没学会，连原来的走法也忘了。后用"邯郸学步"比喻一味地模仿别人，不仅没学到本事，反而把原来的本事也丢了。

哎啊～AI，人工智能。

老五～ChatGPT-5。

大佬～有专家学者千人，提议禁 AI 六个月，供制定律法。

踢唾～TikTok 的谐音。美国国会听证会建议从美国市场清除。

脸谱～Facebook。

2023 年 4 月 1 日（愚人节）凌晨于维罗纳自寓

《七言·春风卷茅》

昨日今日具有阵狂风。街前檐篷及小院雨篷被吹损数片。

此地春深乱吹风，卷我小院两层篷。
切莫借此言变迁，苍天自玄地自聪。

注：

卷茅～唐杜甫《茅屋为秋风所破歌》：八月秋高风怒号，卷我屋上三重茅。

变迁～气候变迁。一有自然风吹草动，就有人出来妄言"气候变迁"。

玄～玄妙。指宇宙自然的玄妙。

聪～大地有自己的聪慧，用气候变化来调整自己，不是人力可左右的。

2023 年 4 月 2 日凌晨于维罗纳自寓

《昭君怨·何故穷忙》

一天一天一样，一岁一岁不同。
回首窥妆镜，正衰翁。

欲闲却不得闲，想空却不得空。
浮生有几许，醉春风。

2023 年 4 月 3 日凌晨于维罗纳自寓

《七言·访匹兹堡大学图书馆》

　　匹兹堡大学图书馆新立文化电子墙，昨（4/3）午后与 HY 女同往参观。蒙馆长 HH 至大堂迎接。后招待下午茶点，HN 又加入，交谈甚欢。惜 HH 即因年届恬辞，言此可能最后一次在此馆招待，诸心有戚戚。

　　丽日携女访学府，贤主亲迎启堂户。
　　书馆雅静非人少，学子聚神是读苦。
　　巨屏矗立图画动，文章锦绣天下普。
　　嘉友相聚吐心迹，唯惜恬退归东圃。

注：

学府～指匹兹堡大学。
堂户～大堂的门。（一扇为户，两扇为门）
恬退～淡于名利，安于退让，安然退隐。此指退休。
东圃～园圃。指退隐住处。

2023 年 4 月 4 日凌晨于维罗纳自寓

《水调歌头·清明忆》

　　有诗词稿十余首，为余六十年前后旧作，总觉十年浩劫焚失。然 1997 年家父仙逝后，整理其遗物，赫然见诗稿在。余与家父在十年中均遭关押达三年之久，总因无懈可击而生还。诗词中有当时可定为反诗者，一旦发现必遭灭顶。然家父竟可匿藏，并带在身边。
　　每清明祭奠之际，余必拜谢家父在天之灵。这些年轻诗词稿，是令余今天继续创作的动力。

收罢旧稿卷，热泪湿双瞳。

为此小作匿藏，何极事迫计穷。

记得慈颜白髪，眯眼就灯披读，喜意埋五衷。

浩劫应焚失，却存遗物中。

一万年，深恩在，永崇隆。

六十一甲，吾今亦成赘世翁。

冷看方内好戏，离合悲喜情仇，横竖一笑终。

寒食跪上祭，都在寸心中。

注：

五衷～五脏。指心中。

赘世翁～宋王樵的别号。王樵，字肩望，淄川人。咸平中，契丹游骑至，举家被虏。樵挺身入契丹访寻父母，累年不获，自叹曰："身世如此，自比于人可乎？"遂与俗绝，自称赘世翁，言己无用于世，徒为世之累赘。名其室为茧室。

方内～尘世之内，相对于"方外"（尘世之外）。

寒食～节名，在清明前一天。古人从这一天起，三天不生火做饭，所以叫寒食。有的地区清明叫寒食。

（亦称"禁烟节""冷节""百五节"，在夏历冬至后一百零五日，清明节前一二日。是日初为节时，禁烟火，只吃冷食。并在后世的发展中逐渐增加了祭扫、踏青、秋千、蹴鞠、牵勾、斗卵等风俗，寒食节前后绵延两千余年，曾被称为民间第一大祭日。"之推言避世，山火遂焚身。四海同寒食，千古为一人。深冤何用道，峻迹古无邻。魂魄山河气，风雷御宇神。光烟榆柳火，怨曲龙蛇新。可叹文公霸，平生负此臣。"唐代诗人卢象这首《寒食》诗，所言即是寒食节的来历"之推绵山焚身"的故事。相传此俗源于纪念春秋时晋国介之推（姓介名推，又称介子推，之为虚词，子为敬称）。当时介之推与晋文公重耳流亡列国，割股肉供文公充饥。文公复国后，之推不求利禄，与母归隐绵山。文公焚山以求之，之推坚决不出山，抱树而死。文公葬其尸于绵山，修祠立庙，并下令于子推焚死之日禁火寒食，以寄哀思，后相沿成俗。中国过往的春祭都在寒食节，直到后来改为清明节。但韩国方面，仍然保留在寒食节进行春祭的传统。

2023 年 4 月 5 日（清明）于维罗纳自寓

《七言·春夜》

燕子双双衔泥回，红樱白樱夹岸开。
春雨夜来润新柳，清风驱云迎月来。

注：

红樱白樱～匹兹堡有红色和白色樱花，此时正盛。

2023 年 4 月 6 日于维罗纳自寓

七言七首

《移苗入圃》

丛云幻幻雨冥冥，育得青苗青灵灵。
春风暖尽天和地，且将青苗移圃庭。

26

《小雀叽喳》

青山自西水自东，春江晓岸柳丝风。
小雀叽喳吵觅食，串飞翻朴小院中。

《十五清明》

季逢寒食月逢中，夜静春江映倒空。
何来纷飞斑斓色，七分白樱三分红。

注：

首句～今年清明正好是十五月圆。
末句～周边樱花主要有白色和红色两种颜色，白色大约占七
分，红色大约占三分。

《春风江畔》

八十耄耋一衰翁，江边独自沐春风。
一川鳞波映翠闪，犹惊掠水众飞鸿。

《流水落花》

红似胭脂皓似绢，参差闹到阿江边。
夕阳流水漂花去，可知残躯有谁怜。

注：

阿江～起源于纽约州，流经宾夕法尼亚州的"阿拉根尼河"。汇入俄亥俄河后，再汇入密西西比河。

《春酒独饮》

独饮春酒仿佛醉，缘何无端伤心泪。
回望故人万里外，相思心绪难成睡。

《慵懒躺平》

似感风寒神欠舒，慵懒躺平补五虚。
人生哪有十全美，且则静养且读书。

注：

五虚～中医谓体虚的五种症状。

2023 年 4 月 6 日于维罗纳自寓

《七言·归雁》

今车行一快速路，忽来往车均急停，原来一对大雁踱步大道中间。雁慢慢离开至路边草丛，车才复通行。

一对归雁来何处？悠然踱步大道中。
昂首临望无人境，原来车停齐侧躬。

注：
侧躬～顷侧其身。表示侧身观望。

2023 年 4 月 7 日于匹兹堡 McKnight Rd.

《七言·春江归鸿》

春江日日醉春风，柳拂丝曳花影中，
不是小舟不停处，与我一齐数归鸿。

2023 年 4 月 8 日于维罗纳阿拉根尼河畔

《拜星月·复活节》

旷野阑静，月彰空迥，马槽人躁烛暗。
贞女临盆，异相呈草甸。
圣婴诞，东方博士晓拜，分明那星灿烂。
世人救主，人间有神眷。

从此上，倚结圣子缘。
行大义，施遍神迹案。
五饼二鱼飨众，五千饥氓宴。
话语雨润云温，倡天下大爱。
称牧者，领羊莫失散。
赎众罪，自把肉身献。
十架死，三日复活，荣归乃父殿。

注：

复活节～基督教纪念耶稣死而复生故事。是春分后第一次月圆之后的第一个星期日。

马槽～喂马之槽，木制或石制。相传耶稣诞生在一只马槽里。

贞女～相传上帝令童贞女玛丽亚未婚有孕，诞下耶稣，故耶稣乃圣子。

东方博士～相传耶稣诞生前有感应给东方博士。

那星～相传指示东方博士西去朝拜耶稣的一颗星。

救主～按圣经新约说，耶稣乃其父（上帝）迁差到人间拯救罪恶人世的救主"弥赛亚"。

五饼二鱼～新约记载，五千人随耶稣到某地没有带口粮，只剩五饼二鱼，耶稣行神迹，令众人吃饱，并余下许多。

大爱～耶稣倡导爱人、互爱。

牧者～耶稣自比"牧者"，不令失散任何一只羊。

赎众罪～基督教相信"罪的工价乃是死"，耶稣以自己肉身代人死，信耶稣者可由耶稣代为赎罪，故基督教有"信者获救"之说。

十架死～耶稣所代表的是贫苦大众被称为"奋锐党"。被当时的祭司、法利赛人（相当于社会精英）所记恨，收买耶稣门徒犹大，暴露耶稣身份，报告耶稣行程，出卖给当时耶路撒冷的罗马统治者，被用最残酷刑罚"钉十字架"处死。

三日复活～新约记载，耶稣在第三日复活。

荣归乃父殿～耶稣的死完成了上帝对人类的救赎计划。耶稣复活回上帝处，坐右席。

2023 年 4 月 9 日于匹兹堡女儿家

《眼儿媚·微恙晨望》

许久没有晨起,因微恙早睡而得晨起。见初阳破雾于山丘稍露。即出阳台观赏,吸点春日晨气……。

晨雾缭绕弄遁幽,初阳正露丘。
翠绿渐染,云霞已红,一天春柔。

微恙此时强眺眸,斜倚小斗楼。
如今只思,汉将去病,华佗医谋。

注:

遁幽～指晨雾要把初日藏起。

微恙～这几天有点感冒,去医疗中心查过,核酸检测阴性,非感染新冠。

斗楼～观察"敌情"的了望台,指自家阳台。

汉将去病～汉名将"霍去病",谐音"忽去病"。

华佗～三国时代名医。《后汉书·方术传下·华佗》和《三国志·魏志·华佗传》记载:东汉医学家,一名旉,字元化,沛国谯(今安徽亳县)人。医术高超,精内、外、妇、儿、针灸各科,外科尤为擅长。曾创用麻沸散,给病人麻醉后施行外科手术。行医各地,声名卓著。又仿效虎、鹿、熊、猿、鸟的动态创为"五禽戏",用以锻炼身体。后因不从曹操征召,遂为所杀。所著医书已佚。

2023 年 4 月 10 日于维罗纳女儿家

《少年游·晨忆》

春山嫩碧，春树映绿，晓风吹草茵。
近看飞花，远眺流水，一阳起驾巡。

悽悽多少乡愁忆，凝露也侵晨。
津卫古道，帝都九门，惆怅正故人。

2023 年 4 月 11 日于匹兹堡女儿家

《十六字令·匹兹堡四月天》

前数日，匹兹堡高温已达摄氏 30 度，俨然盛夏。昨晚突降温接近摄氏零度，雨中夹霰。

以前英语成人班老师云：匹兹堡有谚语大意 "Change rapidly as Pittsburgh April day"（变化之快像匹兹堡四月天）。

变！
昨日试暑今雨霰。
须臾间，
寒热两重天。

注：

试暑～初夏。
雨霰～细雨和雪珠。

2023 年 4 月 17 日于维罗纳自寓

《菩萨蛮·春寒人瘦》

灰云初破柳桥冷，夕阳斜投孤鸿影。
三月众芳香，堕溪水流长。

花谢馨依旧，人病东阳瘦。
且莫倚栏杆，栏杆都拍遍。

注：

东阳瘦～《梁书．沈约传》："永明末，出守东阳……百日数旬，革带常应移孔；以手握臂，率计月小半分。"原谓沈约因操劳日渐消瘦，后以"东阳销瘦"为形容体瘦的典故。

2023 年 4 月 18 日于维罗纳阿拉根尼河畔

诗词二首：

《七言·世尘》

读"某乌"国际商贸城突然萧条之信息。

笑看世尘知仙机，一网糊涂脑浆稀。
取巧直跨任九过，急功莫及着三衣。
旧年微绩岂侥幸，今日奢傲有凶饥。
莫违远近亲疏意，君轻民贵我为祈。

注：
脑浆稀～俗称"脑子进水"。

仙机～神仙异人所作的预言或暗示。

九过～九种过失。谓过失之多。

三衣～梵文 Tricīvara 的意译。佛教比丘穿的三种衣服。一种叫僧伽梨，即大衣或名众聚时衣，在大众集会或行授戒礼时穿着;一种叫郁多罗僧，即上衣，礼诵、听讲、说戒时穿着;一种叫安陀会，日常作业和安寝时穿用，即内衣。亦泛指僧衣。（这里指应该有所顾及的方方面面）

凶饥～谷物不收，年成不好。指饥荒灾害。

2023 年 4 月 19 日于维罗纳自寓。

《一落索·春花》

百花春山争秀，凝露浸透。
惜花莫待花落后，残芳瘦、随溪流。

知音识趣难有，何况为久。
西眺阿江乱云骤，莫相问、几多愁。

2023 年 4 月 19 日于匹兹堡女儿家

《一落索·谷雨》

今日谷雨。

青山声声鹧鸪，唤春归去。
柳丝叶翠丰如辫，花尽落，是谷雨。

斜晖红云江树，系舟野渡。

宾雁向北难留驻，竟无意，传尺素。

注：

宾雁～暂时停留的大雁。也指宾客。

尺素～小幅的丝织物，如绢、帛等。"呼儿烹鲤鱼，中有尺素书。"故书信称尺素。亦寄相思之意。出自两汉佚名诗《饮马长城窟行》原诗如下：

青青河边草，绵绵思远道。

远道不可思，宿昔梦见之。

他乡各异县，辗转不相见。

枯桑知天风，海水知天寒。

入门各自媚，谁肯相为言？

客从远方来，遗我双鲤鱼。

呼儿烹鲤鱼，中有尺素书。

长跪读素书，书中竟何如？

上言加餐饭，下言长相忆。

2023 年 4 月 20 日于阿拉根尼河畔

《醉花阴·春瘦》

春花渐瘦春也瘦，却衬江边柳。

细叶相对皱。

翠色更嫩，也把春水透。

归鸦怨啼黄昏树，莺哝凌晓囿。

把酒语东风。

偷寒送暖，莫来撩豆蔻。

注：

偷寒送暖～指暗中照顾冷暖。（元曲中常用：指暗中为男女私情牵线撮合。也指男女偷情苟合，幽会叙情。）后比喻奉承拍马。也比喻对人关切。此处指东风送暖莫让植物秧苗尽快成长（正话反说）。

豆蔻～多年生草本植物，外形似芭蕉，花淡黄色，果实扁球形，种子像石榴子，有香味。果实和种子可入药。也指年华，"豆蔻年华"，比喻处女，或指女子十三四岁时。此处指所种植物秧苗。

2023 年 4 月 21 日于维罗纳阿拉根尼河畔

《春雨落花》诗词三首

匹兹堡今阴雨降温，春末如冬。

其一

燕子归旋桑榆晚，一川烟雨落花残。

斜倚亭台惆怅望，落日离鸿春意阑。

注：

桑榆～落日之处。相对，东隅～日出之处。故有"东隅已逝，桑榆非晚""失之东隅，收之桑榆"之说。

离鸿～匹兹堡水系有按季南来北往的鸿雁暂作停留。

阑～将尽。

其二

水映青山水映村，又逢烟雨近黄昏。
只怨东风无情意，满川落花闻啼魂。

注：

啼魂～杜鹃鸟。古代传说杜鹃鸟乃上古蜀王望帝(杜宇)所化，至春啼鸣，故称。

其三

《少年游·春雨落花》

暮云重重夹雨丝，青山隐秀姿。
柳垂花落，优雅飘堕，香躯满回池。

春去杜鹃报人知，且莫归去迟。
水击三千，扶摇九万，敢驭野马驰。

注：

回池～回曲的水池。
杜鹃～杜鹃叫声似"不如归去"。
后三句～"水击三千""扶摇九万""野马"均采自庄子《逍遥游》中句。此表达盼归之心情。

2023 年 4 月 22 日于匹兹堡克伦贝利镇。

《浪淘沙·倒春寒》

今夜匹兹堡降至摄氏零度。

夹江落花残，顺水流丹。
新芦脉锐刺云天。
敝裘难除仍瑟缩，倒卷春寒。

凄惶忆悲欢，偷把泪弹。
人间离恨年复年。
何时龙骑无策鞭，风电车鸾。

注：

龙马～李白诗《草创大还赠柳官迪》中有"鸾车速风电，龙骑无鞭策。一举上九天，相携同所适。"

2023 年 4 月 24 日于维罗纳阿拉根尼河畔

《浪淘沙·探春》

稍暖出江行，探察春情。
夹江堤岸皆落英。
水鸟啾啾窝蓬瀛，云寒晚晴。

密林净无尘，初月中明。
酒肆客喧捉对酲。
犹制小肴慰五脏，独樽满倾。

2023 年 4 月 25 日于维罗纳阿拉根尼河畔

《七言·春伤》

肃杀春寒何为期，句芒两龙不遇时。
满川碧峦催花落，一院新栽抽叶迟。
浮生八旬心方外，人间九伤佯不知。
任我潇洒诌俗句，材朽何必劳明师。

注：

句芒～句芒（gōu máng）是中国古代民间神话中的木神、春神、东方之神，主管树木的发芽生长，忠心耿耿地辅佐伏羲 太阳每天早上从扶桑上升起，神树扶桑归句芒管，太阳升起的那片地方也归句芒管。

出处：《礼记·月令》记载："孟春之月其帝太皞，其神句芒，余春月皆然；孟夏之月其帝炎帝，其神祝融，余夏月皆然；孟秋之月其帝少皞，其神蓐收，余秋月皆然；孟冬之月其帝颛顼，其神玄冥，余冬月皆然。""其帝大皞，其神句芒。"郑玄注曰："句芒，少皞氏之子，曰重，为木官。"朱熹注曰："大皞伏牺，木德之君。句芒，少皞氏之子，曰重，木官之臣。圣神继天立极，先有功德于民，故后王于春祀之。"

两龙～《山海经·海外东经》："东方句芒，鸟身人面，乘两龙"

不遇时～生不逢时。古代对春神"句芒"的祭祀很重视，后逐渐淡化，今已失传。

方外～尘世之外（相对"方内"尘世之内）。

九伤～无限哀伤。

2023 年 4 月 26 日于维罗纳阿拉根尼河畔

《五言·无题》

草青春意深，林密夕阳垂。
无雨花犹落，有情燕双飞。

2023 年 4 月 27 日于维罗纳

《五言·春暮》

春暮风雨晴，唯闻归鸟鸣。
野舟无人渡，索桥有车行。
细声花谢树，人喧酒意醒。
无语邀明月，也照万里卿。

2023 年 4 月 28 日于维罗纳阿拉根尼河畔

《点绛唇·春忆》

飞鸿来去，带来一丝伤心意。
尺素频寄，依然隔万里。

记得那时，已定后会期。
愁无计，买个恸醉，好昏然梦寐。

2023 年 4 月 29 日于维罗纳阿拉根尼河畔

《临江仙·春怨》

北雁飞尽留南燕，说春哪有春天？
一春料峭寒依然。
春江春雨绵，柳岸柳笼烟。

西望流水倚栏杆，日日目数归船。
归意难平年复年
路断离恨添，花落有谁怜？

注：

首句～取"社燕秋鸿"和"燕南雁北"之意。燕子和大雁都是
候鸟，但在同一季节里飞的方向不同。比喻刚见面又离别。

2023 年 4 月 30 日于维罗纳阿拉根尼河畔

五月诗词

《洞仙歌·春尽》

蓝岭春尽，缤纷花落后，野岸锐芦衬垂柳。
天生腰肢柔，缭乱风流。
有道似，恰女儿十五六。

西去阿江畔，尽日孤游，茫茫烟雨蒙汀洲。
有水鸟飞来时，应是盟鸥。
置个由，一壶老酒。
且莫叫尘事寻踱来，扰乱了心头一点悠悠。

注：

锐芦～新芦的叶子尖锐。

恰似女儿十五六～杜甫《绝句漫兴》："隔户杨柳弱袅袅，恰似
十五女儿腰。谁谓朝来不作意，狂风挽断最长条。"

阿江～横贯宾夕法尼亚州蓝岭之阿拉根尼河。

盟鸥～鸥盟。与鸥鸟为友，比喻隐退。

2023 年 5 月 1 日雨中于维罗纳阿拉根尼河畔

《忆江南·春去也》

五月竟寒冷如冬，夜间接近零摄氏度。

春去也，却是回玄冬。
落花残妆对雨泣，弱柳垂袖露倦慵。
一酎醉我侬。

注：

玄冬～冬天。
酎～醇酒，经过两次或多次重酿的酒。
我侬～我。

2023 年 5 月 2 日于维罗纳自寓

《唐多令·春暮》

云去透丹霞，浪卷岸边沙。
湿茎残，满地落花。
偿怨西风总带雨，寒春暮，闻啼鸦。

寂寞享余华，粗饭一盏茶。
什兴亡？吞枣吃瓜。
惟有对影酒一樽，邀明月，醉天涯。

注：

余华～余年。
吃瓜～网络流行语。用来表示一种事不关己、不发表意见，仅作"看客"的姿态。

2023 年 5 月 3 日于维罗纳阿拉根尼河畔

《洞仙歌·三月十五夜》

袅烟瀰处，孤村人初静，应是合家聚恩幸。
暮气寒，此春总是伭冥。
花零落，惟有层峦翠青。

又逢十五月，立夏日近，三月柳花已丰颖。
待夜空许多明，照我孤影，成三人，山公酩酊。
再落纸，描一个遐景。
阿江西流去，波光万顷。

注：

伭冥～传说中"雨师"或"水神"。
柳花～柳树开的花，呈鹅黄色，成柳絮。

成三人～李白诗《月下独酌》：
花间一壶酒，独酌无相亲。
举杯邀明月，对影成三人。
月既不解饮，影徒随我身。
暂伴月将影，行乐须及春。
我歌月徘徊，我舞影零乱。
醒时同交欢，醉后各分散。
永结无情游，相期邈云汉。
山公酩酊～"山简醉"。《世说新语·任诞》："山季伦为荆州，时出酣畅，人为之歌曰：'山公时一醉，径造高阳池，日莫倒载归，茗芋无所知。复能乘骏马，倒着白接?举手问葛强，何如并州儿？'高阳池在襄阳。强是其爱将，并州人也。"后以"山简醉"为醉酒之典。

遐景～远景。

2023 年 5 月 4 日于维罗纳阿拉根尼河畔

《临江仙·回暖》

艳阳回照昼暖晴，一缕和煦东风。
矫燕一飞影无踪。
随拍歌凤，声杳万里碧空。

"荷莱"终把时令改，十六月也融融。
阿江沉璧夜朦胧。
不如乘桴，做个柴桑翁。

注：

歌凤～《论语·微子》：楚狂接舆歌而过孔子曰："凤兮凤兮！何德之衰？往者不可谏，来者犹可追。已而，已而！今之从政者殆而！"后遂以"歌凤"为避世隐居之典。

荷莱～希腊神话中掌管季节气候变迁、植物生长和社会法律秩序的女神们的总称。（希腊文：Ωραι，"小时（hour）之意"；拉丁文：Horae，译荷莱）。她们又称为发髻华美的"时序三女神""时令女神""时光女神"或"季节女神"。

乘桴～《论语·公冶长》："道不行，乘桴浮于海。"《三国志·魏志·管宁传》："遂避时难，乘桴越海，羁旅辽东三十余年。"后用以指避世。

柴桑翁～晋陶渊明晚年隐居柴桑，故称。也指晋代遗民。

2023 年 5 月 5 日于维罗纳阿拉根尼河畔

《七言·立夏》

才经春寒逢新暖，布谷声催夏令暄。
执杯醉眼看人醒，下笔入妙不可言。

注：

入妙～达到神妙之境。（多形容诗文或技艺）

2023 年 5 月 6 日（立夏日）于维罗纳自寓

《何满子·移苗》

无意故作夭乔，无奈年岁难饶。
围围添土理园圃，栽下几株青苗。
却还汗流浃背，弄损我的老腰。

注：

夭乔～恣意放纵。

2023 年 5 月 7 日于维罗纳自寓

《江城子·不如醒》

沧流江上雨初晴，水波平，影倒清。
一双白鹭，并排掠相迎。
更因斜阳照西空，彩云飞，半月明。

遥闻密林鸟啼声，侧耳听，诉离情。

万里乡园，何时可偕行？

欲待向天寻切问，天道是，不如醒！

注:

沧流～青山倒映呈青色水流。

醒～醉到神智不清。

2023 年 5 月 8 日于维罗纳自寓

《洞仙歌·不醒》

碧水如天，映青山倒影，恰似一面大明镜。

谁道春寒去，孟阳初辉。

天如洗，度我万缘具净。

人总苦消磨，堕入世尘，荣华富贵皆妄境。

倒不如立方外，笑看尘世，悲喜仇都作余兴。

唯如此，此生十分喜。

执杯莫稍停，醉了不醒。

注:

孟阳～农历正月或春末夏初。此指春末夏初。

万缘具净～佛家语，一切事物皆由缘而生，但也都没有剩余。

指什么念头都没有了。

余兴～某种事后的文娱活动。

2023 年 5 月 9 日于维罗纳阿拉根尼河畔

《惜分飞·柳絮》

连日回暖，有初夏意，即见柳絮飞舞。

迎面忽然素丝飞，细看原来柳絮。
莫道本无情，随风缱绻粘我衣。

青丝须臾换皓鬓，轻身却乘六御。
不凭好风送，自是飘然东归去。

注：

本无情～唐薛涛《柳絮》诗："二月杨花轻复微，春风摇荡惹人衣。他家本是无情物，一任南飞又北飞。"

缱绻～情深意笃，难以分舍。清曹雪芹《唐多令·柳絮》有句："飘泊亦如人命薄，空缱绻，说风流。"

六御～语出《易.干》："时乘六龙以御天。"

好风送～清曹雪芹《临江仙·柳絮》有句："韶华休笑本无根。好风凭借力，送我上青云。"

2023 年 5 月 10 日于维罗纳阿拉根尼河畔

《五言·江边》

柳烟连晓岸，花魂逐水流。
细丝迎扑面，团絮粘人头。
波平浮白鹭，风和横轻舟。
曈曈阳如火，树下寻凉幽。

2023 年 5 月 11 日于维罗纳阿拉根尼河畔

《七言·江暮柳行》

日暮西岭漏余光，偏此摇曳柳几行。
何故路人回眸笑，银絮飞来满头霜。

2023 年 5 月 12 日于维罗纳阿拉根尼河畔

《七言·初夏暮雨》

薄暮云灰雨细细，一群翔鸥来天际。
柳烟沁绿染秀岭，波色光翠预晚霁。

注：
晚霁～傍晚雨停之后的夕阳。

2023 年 5 月 13 日于维罗纳阿拉根尼河畔

《自由诗·母亲节》

今天，5 月 14 日，五月第二个星期日，是"母亲节"。

147 年前，美国南北战争结束，人民正陷于因战争造成大批人员死亡的悲痛中。查韦斯夫人提议为死亡在战争中孩子的母亲立一个纪念日，但无人响应。

第二年，查韦斯夫人的女儿安娜，为纪念已经去世的母亲查韦斯夫人，举办了一个纪念活动，并建议大家纪念故去的母亲，获得了大家的支持，并由此订立每年五月第二个星期日，作为母亲节！

现在这一天已经成为全世界约定俗成的"母亲节"！

母亲节！
不仅是感恩母亲的生养，
不仅是感恩母亲的抚育，
而是要明白创立这个日子的原意，
反对战争！

母亲节！
不仅是给母亲买一束康乃馨，
不仅是给母亲买一点礼物，
而是要明白创立这个节日的原意，
反对战争！

母亲节！
不仅是在这一天才想到母亲，
不仅是在这一天才孝敬母亲，
而是要理解天下母亲的共同愿望
和平！

我们需要天天记得天下母亲的愿望！
把天天当成母亲节！

（以此纪念乌克兰战场上俄乌双方战死的亡魂，和安慰这些亡魂的母亲，以及天下所有因战争失去孩子的母亲！愿天下再不会有战争！）

2023 年 5 月 14 日于维罗纳自寓

《浪淘沙·会友谈事》

极目玄天空，云霞无踪。
驱车倍道数青峰。
自是丽日已瞳瞳，万物郁葱。

相见论互融，悲欢与同。
利损常情勿眷忡。
觅得小馆相对饮，香茶满盅。

注：

玄天～北面的天空。去处向北，故极目玄天。
倍道～兼程，加快速度。
眷忡～缠绵忧伤心情。
扬斯顿～属俄亥俄州，在匹兹堡北约七十余英里，车程一小时二十分钟左右。

2023 年 5 月 15 日于俄亥俄扬斯顿
（Youngstown, OH）

《七言·醉吟》

晚与好友及女婿等饮宴，微醺。

八旬蹉跎悲与愁，何必耿耿在心头。
杨柳依依柳絮飞，白鬓苍苍鬓缀旒。
晨启骄阳日复日，夜逢明月秋又秋。
执杯倚醉诌八句，不惧惟口起愧羞。

注：

缀旒～比喻情况危急。此指头发稀疏。

惟口～言语不慎。

起愧羞～招致愧疚羞辱。

2023 年 5 月 16 日于匹兹堡"老四川"餐馆。

《行香子·去华盛顿 DC》

一众五人驾车去华盛顿参加亚太裔月活动，当日来回。

一队声轻，晨曦鸟惊。

启东岭，霞去空晴。

绿烟绕萦、满山林菁。

驾云车征，大车横，众车行。

青山如画，叠岭似屏。

四百里、五时达营。

睽违三载，上国都城。

唯修路长，旧路烂，新路平。

注：

云车～《史记·孝武本纪》："文成言曰，上即欲与神通，宫室被服不象神，神物不至。乃作画云气车。"以云彩为装饰花纹的车子。泛指华贵之车（豪车）。

四百里～匹兹堡到华盛顿 240 余英里，合 400 公里左右。

五时达营～五个小时到达。

修路～长路、远道。此"修"为修长意，非修理意。

2023 年 5 月 17 日于华盛顿匹兹堡路途

《鹧鸪天·种花》

维罗纳市政府每五月发放花苗,市民免费领取移栽门前街道花圃。

柳丝柔柔随风斜,苗圃育成始移茬。
官家宣知以时取,阿女唤我去种花。

理瓦盆,选壮芽。整土汲水埋坑洼。
忽笑网红姑娘唱,小小花园挖呀挖。

注:

以时～一定的时间。 及时,即时。(古有"使民以时"之说,执政者要按照农时使用民力。)

阿女～女儿。

姑娘唱～近中国国内网络传一幼教姑娘教幼儿唱儿歌"小小花园挖呀挖…"一时成为"网红"。亿万人跟风。

2023 年 5 月 18 日于维罗纳自寓

《菩萨蛮·酒聚》

青年才俊 W 氏夫妇携肴来聚,共饮。

青年才俊携燕馈,座前同饮今愿遂。
亶诚感我心,酒酣情意深。

唯嫌晷漏短,频促倾杯满。

丕酒且为由，道出新玉猷。

注：

燕馈～美食。

亶诚～真诚。

晷漏～古代的计时器。也作时间解。

丕酒～指醇厚的酒。

玉猷～美妙的构想。

2023 年 5 月 19 日于维罗纳自寓

《七言·520》

几时五月成我月，二〇爱您岂谬越。

情如流水日日潤，爱从心处时时竭。

注：

谬越～错位、反常。

竭～尽，用尽。

2023 年 5 月 20 日于维罗纳自寓

《燕春台·小满》

汀洲新芦，簷下雏燕，悠悠夏日初长。

岸柳荫密，晓岸丰草浮香，汀洲雏鸟伏藏。

端坐椅，敞怀取凉，箬帽遮阳。

却起愁绪，怨思邦乡。

延阻行难，山远水长。
一时无着，惟愿其昌。
麦可穗饱、青梅临当嫩黄？
季田时桑，收种忙、新粟满仓。
南风起，五月人倍忙，有谁怜农殇？

注：

穗饱～小满季节是麦子抽穗灌浆的季节，风调雨顺会令麦穗饱满获得丰收。

临当～正及、正当时。

嫩黄～小满季节也是梅子由青转黄逐渐成熟的季节。

南风起，五月倍忙～唐白居易诗《观刈麦》：

田家少闲月，五月人倍忙。
夜来南风起，小麦覆陇黄。
妇姑荷箪食，童稚携壶浆，
相随饷田去，丁壮在南冈。
足蒸暑土气，背灼炎天光，
力尽不知热，但惜夏日长。
复有贫妇人，抱子在其旁，
右手秉遗穗，左臂悬敝筐。
听其相顾言，闻者为悲伤。
家田输税尽，拾此充饥肠。
今我何功德？曾不事农桑。
吏禄三百石，岁晏有余粮，
念此私自愧，尽日不能忘。

2023 年 5 月 21 日于维罗纳阿拉根尼河畔

《五言·阿江吟》

东来阿江水，西屏华君山。
谁知万里意，哪堪一念悬。
山林已向晚，霞云去不还。
乘物化成句，喃喃吟不断。

注：

阿江～流经宾夕法尼亚州的"阿拉根尼河"。

华君山～匹兹堡三江之俄亥俄河西岸一排峻岭如屏，称华盛顿山。故曰"华君山"。

乘物～驾驭事物。

2023 年 5 月 22 日于维罗纳阿拉根尼河畔

《如梦令·暮》

水鸭沙鸥相呼，
远山近云有无。
柳烟遮夕阳，
两三扁舟匿芦。
失途！失途！
只我身幺影孤。

2023 年 5 月 23 日于维罗纳阿拉根尼河畔

《七言·江暮》

幽躅小径阿江西，回望柳岸路已迷。
风带云岫变幻色，地转日落及山齐。

翠荻丛中隐狎鸥，水湾静处浮濡鹈。
当此暮景谁人共，且留鸟迹胡乱题。

注：

幽躅～独自徘徊。

阿江～横贯宾夕法尼亚州的"阿拉根尼河"。

狎鸥～指隐逸。出于《列子·黄帝》："海上之人有好沤鸟者，每旦之海上，从沤鸟游，沤鸟之至者百住而不止。其父曰：吾闻沤鸟皆从汝游，汝取来，吾玩之。明日之海上，沤鸟舞而不下也。"沤，同"鸥"。

濡鹈～于出《诗·曹风·候人》："维鹈在梁，不濡其翼。彼其之子，不称其服。"郑玄笺："鹈在梁，当濡其翼；而不濡者，非其常也。以喻小人在朝，亦非其常。"比喻享受高官厚禄、不理朝政、贪污腐败者也。

暮景～黄昏之时，也指人的晚年。

鸟迹～指文字。相传"仓颉"根据鸟足印在地上的痕迹造字。

2023 年 5 月 24 日于维罗纳阿拉根尼河畔

《七言·伤》

今上瓷砖台阶，不慎踩空，致左脚踝及膝盖受损，脚背紫肿，落地甚痛。经急症拍片，幸无骨折，仅软组织损伤也，暂拄拐代步。

不是卜卦不逢时，陡然滑跌悔也迟。
老骨光解虽无恙，暂拄双拐充伤肢。

注：

光解～靠辐射能（如光）作用的化学分解或解离。这里指 X 光。

2023 年 5 月 25 日
于匹兹堡大学医学中心（UPMC）玛格丽特医院急诊室

《五言·仰承》

腿伤，获亲友劳乏及"海风诗社"众诗友慰怀，不胜感激，比止痛药有效！

年老腿力衰，阶高不胜登。
一朝伤筋骨，百日挨炎惩。
虽只皮肉苦，却常钻心痛。
劳乏有亲友，慰怀众诗朋。
神药唯精神，邀拜谢仰承。

2023 年 5 月 26 日于维罗纳自寓

《七言·感》

不慎腿脚伤，获帮助和安抚，有感。

不慎遭逢伤踝胫，刹时足面肿泛靘。
四肢百体忍负疼，五内千念陷孤兴。
亲朋丹衷心存抚，吾当乃诚腰折磬。
人身谁无无妄灾，事到难处有依凭。

注：

靘～青黑色（伤处内出血之淤青）。
折磬～弯腰如磬状，表示恭敬。

2023 年 5 月 27 日于维罗纳自寓

《七言·修慎》

腿脚伤不利于行，减无谓之出行，亦增来时之谨慎，岂不祸福
相依。

莫常忘形悔也迟，祸福相依有谁知。
人生百年唯修慎，不教五苦累伤时。

注：

祸福相依～《老子》第五十八章："祸兮福之所倚，福兮祸之
所伏。"
修慎～注重修养，处世谨慎。
五苦～佛教语。指生老病死苦，爱别离苦，怨憎会苦，求不得

苦，五阴盛苦。道教亦沿用此说。

伤时～因时世不如所愿而哀伤。汉王逸有《九思·伤时》篇。

2023 年 5 月 28 日于维罗纳自寓

《七言·受赠新书》

应豪君新著《人间棋话》，以文言文著述。今以全线装古法制作一部赠我，实珍贵也！

滕书艰深读难尽，君自线装赠幸来。
五情相投缘如此，三俊传留因合该。

注：

滕书～金绳函封的玉册，古帝王封禅所用。（此指应豪先生亲手制作之古法线装之《人间棋话》）

幸来～谓亲自前来。

五情～佛教谓眼、耳、口、鼻、身五根产生的喜、怒、哀、乐、怨五种情感。

三俊～古指具备刚、柔、正直三德的人。

合该～理应如此。

2023 年 5 月 29 日于维罗纳自寓

《七言·孤忠》

身名曾陷诬枉中，乱世坎坷涉六工。
不争虚声满天下，只求余生莫途穷。

白头未嫌功夫晚，老眼仍辨西与东。

神定专为信史录，留得真情学孤忠。

注：

六工～六种工匠，言所涉工作种类繁多。

信史～确实可信的历史。古人称《春秋》为信史。

孤忠～忠贞自持的人，不求别人体察的节操。宋范仲淹《班班林间鸠寄内〈庆历五年〉》诗："孤忠一许国，家事岂复恤。"

2023 年 5 月 30 日于维罗纳自寓

《五言·塞翁》

腿伤身难支，拐拄借用功。

一时不慎摔，百日受制中。

感愁催发白，药酒激颜红。

即来则安之，焉知失马终。

注：

塞翁～指忘身物外，乐天知命，不以得失为怀的人。

失马终～终，此作"结果"用，"塞翁失马"的结果。

关于"塞翁失马"的故事，典出《淮南子·人间》："近塞上之人，有善术者，马无故亡而入胡，人皆吊之。其父曰：'此何遽不为福乎？'居数月，其马将五胡骏马而归，人皆贺之。其父曰：'此何遽不能为祸乎？'家富良马其子好骑，堕而折其髀，人皆吊之。其父曰：'此何遽不为福乎？'居一年，胡人大入塞，丁壮者引弦而战，近塞之人，死者十九，此独以跛之故，父子相保。故福之为祸，祸之为福，化不可极，深不可测也。"

2023 年 5 月 31 日于维罗纳自寓

六月诗词

《五言·儿时》

　　庆祝六一儿童节！儿时小学排"采茶扑蝶"，被选为"蝴蝶"，手持柔软竹枝颤动"蝴蝶"，在一众山花及采茶女中嬉戏……。一晃七十年矣！

　　总角舞彩蝶，众女拥我饰。
　　手颤抖柔竹，花中穿如梭。
　　消磨届少年，晃然已老贼。
　　百年蹉跎事，身后谁晓得。

　　注：

　　老贼～《论语·宪问》："原壤夷俟。子曰：'幼而不孙弟，长而无述焉，老而不死是为贼！'以杖叩其胫。"原壤，人名，孔子之故人。（大意是：原壤叉腿坐着，孔子对原壤骂道："年幼你不讲孝悌，长大了有没有什么可讲得出来的成就，你老了还不肯死，真是害人呐！"接着用拐杖打原壤的小腿）

　　（俺的腿伤是不是孔子的鬼魂给打的？）

　　　　　　　　　　　　2023 年 6 月 1 日于维罗纳自寓

62

《浣溪沙·逼闲》

谁念雀燕处垂堂，讙讙傲弃易荫忘。
时逢失慎得侵伤。

酒浓易醉鸩酒浓，茶香细品汉茶香。
逼闲只认是寻常。

注:

雀燕～处堂燕雀。比喻生活安定而失去警惕性；也比喻大祸临头而自己不知道。

垂堂～靠近堂屋檐下。因檐瓦坠落可能伤人，故以喻危险的境地。

傲弃～轻视放弃。

荫～遮蔽。原指蝉得到荫凉的地方遮蔽就忘了自身的安全。

鸩酒～原意指毒酒，此处指治伤用的药酒。

汉茶～指陕西朋友赠送的"汉中仙毫"茶叶。

逼闲～（因伤）被逼闲着。

2023 年 6 月 2 日于维罗纳自寓

《打油诗·历史上的今天·虎门销烟》

鸦片点泡白银流，总督虎门祝融收。
一八四年怎么了？白粉 K 仔加摇头。

注：

鸦片～俗称大烟、阿芙蓉或福寿膏，属天然麻醉抑制剂，医学上作麻醉性镇痛药；非科学研究或非医用，则归类于毒品。

点泡～指吸食鸦片。传统用于鸦片的吸毒工具有烟签、烟灯、烟枪等，一般将生鸦片加工成熟鸦片，然后搓成小丸或小条，在火上烤软后，塞进烟枪的烟锅里，翻转烟锅对准火苗，吸食燃烧产生的烟。

虎门销烟～虎门销烟是指公元 1839 年（道光十九年）时，清政府任命林则徐为钦差大臣前往广州查禁鸦片的历史事件，旨在禁绝鸦片贸易以遏制白银外流。当年 6 月 3 日在广东虎门烧毁收缴英商鸦片 19,187 箱和 2119 袋，总重量 2,376,254 斤。燃烧至 6 月 25 日结束，历时 23 天。

总督～钦差大臣湖广总督林则徐。

祝融～传说中的火神。

一八四～虎门销烟至今 184 年。

白粉～海洛因。

K 仔～氯胺酮，毒品。服用后会产生意识与感觉的分离状态，导致神经中毒反应、幻觉和精神分裂症状，同时对记忆和思维能力都造成严重损害。

摇头～摇头丸，毒品。其主要成分 3,4-亚甲二氧甲基苯丙胺是一种兴奋剂间中或掺有 MDEA、MDA、MBDB 或安非他命等其他成分。服用摇头丸者可即兴随音乐剧烈舞动而不觉疲劳或痛苦。

2023 年 6 月 3 日于维罗纳自寓

《御街行·一梦》

梅月初夏汗如泪，梦如碎，身如溃。
一声声喊声如悲，红云丹血如水。
铁车如淬，铁拳如擂，铁心坚如碓。

宫柳墙畔城儿西，环儿仁，市儿阆。
白烟升处旗儿飞，莽夫儿乱丧佩。
猛然儿惊，神安儿定，原来远处狗儿吠。

注：

梅月～农历四月。
阆～大门。
丧佩～失去了饰物。

2023 年 6 月 4 日于维罗纳自寓

《七言·潜心》

百年踪迹客红尘，回遑旧梦莫抑沦。
宕涤清泉云山下，潜心入定见化身。

注：

回遑～徘徊疑惑。
抑沦～压抑沉沦。
云山～远离尘世的地方，隐者居处。
入定～修行的一种方法，端坐闭眼，心神专注。

化身～所敬拜神邸出现在眼前的形体。

2023 年 6 月 5 日于维罗纳自寓

《七言·芒种日》

致命情人破出茧，
朽霉腐草化为萤。
梅子黄时忆暗香，
半夜月出伴孤星。

注：

致命情人～指螳螂。雌螳螂有"性食行为"（即在与雄性交配后吃掉雄性的行为）故称"致命情人"（与今许多女性婚姻观同）。芒种节气，螳螂破卵而出。

化为萤～传说"腐草化萤"。

暗香～指梅花。

最后句～芒种多在农历四月中后几日，时月出与半夜前后。

2023 年 6 月 6 日于维罗纳自寓

《七言·婚姻观》

莫提当年梁山伯，英台跳入坟头圻。
君瑞古寺遇真爱，莺莺西厢宁于适。
几时女身论肉值，只问车房不问格。
恨比长生殿上长，怨比雷锋塔下多。

注:

坼～裂缝。

西厢～《西厢记》故事，起源于唐代元稹的传奇小说《莺莺传》，叙述书生张珙（君瑞）与同时寓居在普救寺的已故相国之女崔莺莺相爱，在婢女红娘的帮助下，两人在西厢约会，莺莺终于以身相许。

君瑞～西厢记故事男主"张珙"名。

莺莺～西厢记故事女主名，"崔"姓。

于适～古指女子出嫁。

长生殿～白居易长诗，言唐明皇、杨玉环爱情故事。

雷峰塔～冯梦龙《警世通言》中，"白蛇传"故事，白娘子为爱被压雷峰塔千年。

2023 年 6 月 7 日于维罗纳自寓

《七言·倚醉》

百年碌碌只一叹，恍如戎马未离鞍。
八十年来知伛步，千万里后证事难。
陋室秃笔孤愤泪，他乡雁书思归翰。
满世烟氛何时息？且倚醉中等闲看。

注:

伛步～弯腰曲身行走。

孤愤～韩非所著的书篇名。《史记.老子韩非列传》："〔韩非〕悲廉直不容于邪枉之臣，观往者得失之变，故做《孤愤》。"司马贞索隐："孤愤，愤孤直不容于时也。"后以"孤愤"谓因孤高嫉俗而产生的愤慨之情。

雁书～书信。

翰～长而坚硬的羽毛，"理翮振翰"。借指毛笔和文字、书信等，翰苑、翰墨（笔墨，借指诗文书画）、翰藻。

2023 年 6 月 7 日于维罗纳自寓

《七言·乡愁》

邦乡一去八溟远，骑鸿垂天苍云深。
常思信友偷拭泪，不偾蚩者更切心。
惊世倒逆恒失据，违俗欠知怎事任。
毋何唯与酒为伴，愁来还作醉中吟。

注：

邦乡～故乡、家乡。

八溟～八海，泛指天下所有湖海。又作"八冥"

骑鸿句～《庄子·逍遥游》："北冥有鱼，其名为鲲。鲲之大，不知其几千里也。化而为鸟，其名为鹏。鹏之背，不知其几千里也；怒而飞，其翼若垂天之云。是鸟也，海运则将徙于南冥。"

信友～诚实守信的朋友。

蚩者～普通老百姓。

事任～承担责任。

毋何～没有别的。

2023 年 6 月 8 日于维罗纳自寓

《七言·就医》

踝伤，今预约就医，感谢好友驾车载去医馆。穿市贯桥，林翠水清，匹兹堡夏日之美景，赏心悦目。

清江一带环翠流，翠林深处冷幽幽。
飞去飞来水上鸟，互追互逐村中狗。
吾伤踝跗访医馆，女驾坤车载伯牛。
但逢难时上人助，从心之外更何求。

注:

踝跗～脚踝至脚背。
坤车～女的车。（男为乾、女为坤）
伯牛～伯牛，孔子之弟子，患疾。泛指病痛。
从心～发自内心。

2023 年 6 月 8 日于维罗纳自寓

《五言·仲夏无题》

脚伤不良于行，居家两周余，今自行开车至江边观景。

水与白云尽，路随青山远。
江碧飞鸥盟，林深传莺婉。
芜苑草木深，闲庭夕阳烜。
此地仲夏日，最美是向晚。

2023 年 6 月 9 日于维罗纳阿拉根尼江畔

《七言·夏江车行》

夏令节序紧相催，韶华一去再不回。
却是蓝岭映绿波，无限山水展磊瑰。

注：

韶华～光阴。
蓝岭～北美阿尔巴拉契山脉之中段，主要位于宾夕法尼亚州。
磊瑰～坦荡。

2023 年 6 月 10 日于维罗纳阿拉根尼河畔

《七言·仲夏之晨》

晨曦如射破黝空，泼洒丹霞染葱茏。
鸟雀呼晴檐下语，宿露晶莹叶上融。

2023 年 6 月 11 日于维罗纳自寓

《七言·文集初成》

在文友邱辛䅉先生指导帮助下，经"纽约·易文出版社"的专家审核、编排，《海老文集》的五卷"酉泽一卒""笑世杂谈""海老学老子""海老诗词选""海漂缀拾"已完成编排，即将付印。

集文五卷终稿初，留取一迹证缘故。
白头闲谈尴尬事，秃笔潦书坎坷途。

谁无梦远圆梦远，却总久孤方外孤。

百年人生谁无死，拼得傀诗酒胆粗。

注:

集文～文集。

傀诗～辞意诡异、语调激切的诗。《荀子·赋》:"天下不治,请陈傀诗。"杨倞注:"荀卿请陈傀异激切之诗,言天下不治之意也。"后亦指荀况的傀诗。

方外～尘世之外。

2023 年 6 月 12 日于维罗纳自寓

《五言·夏雨》

青山细雨静，轩窗凉气丝。

时节近中夏，夕阳落山迟。

蔬果叶繁绿，凡花瓣多姿。

岂误此丽景，三酿下肚时。

注:

中夏～夏之中,指夏至节气。

三酿～三酿,指醇酒。

2023 年 6 月 12 日于维罗纳自寓

《忆王孙·夏雨》

多日晴好，黄昏雨。栀子花开三朵，幽香扑鼻。

淅淅沥沥夏雨凉，过雨栀花夜来香。
何处传来扣角商。
席梦床，应有一梦近吾乡。

注：

叩角商～角，牛角；商，商歌。敲着牛角唱着低沉悲凉的歌。
席梦～席梦思（Simmons），内装弹簧的床垫。

2023 年 6 月 12 日于维罗纳自寓

《浣溪沙·雨后》

雨后微茫西夕昏，宕涤翠山江水浑。
柳暗花虚云隐村。

元历不合无皓月，义酒应时聚乾坤。
三杯目眩已摇魂。

注：

元历～农历。
乾坤～天地，也指男女。
义酒～混合酒、多种酒。
摇魂～恍忽，把持不住。

2023 年 6 月 12 日于维罗纳自寓

《行香子 · 梦飞》

何日去程，依难分明。不如归、杜鹃呻鸣。千山鸟少，万径阻行。且耐心烦，耐心焦，耐心平。

酒里烦醒，梦里相寻。九万里、扶摇鹏征。天之苍苍，野马顿缨。我飞越天，飞越地，飞越瀛。

注：

呻鸣～发出凄楚的声音。

不如归～杜鹃鸟鸣声似"不如归去"。常作思归或催归之辞。

千山鸟少～唐柳宗元诗："千山鸟飞绝，万径人踪灭。孤舟蓑笠翁，独钓寒江雪。"

万径阻行～同上。

烦醒～内心烦躁或激动有如酒醉。

九万里～庄子《逍遥游》："《齐谐》者，志怪者也。《谐》之言曰：鹏之徙于南冥也，水击三千里，抟扶摇而上者九万里，去以六月息者也。"野马也，尘埃也，生物之以息相吹也。天之苍苍，其正色邪？其远而无所至极邪？其视下也，亦若是则已矣。"

天之苍苍～同上。

野马～同上。

顿缨～挣脱缰绳。

瀛～海，瀛海、瀛洲（古代神话中仙人居住的山，在海上）、瀛眷（仙眷，常用作对别人眷属的敬称）、瀛寰（地球水陆的总称，指全世界）。

2023 年 6 月 13 日于维罗纳自寓

《普天乐·夏江夕阳》

晚云稠，夕阳斜，汀洲青芦，归舟津涯。
栖鸥鹭，鸣怒蛙。

翠岭倒入水图画，鳞光搅碎天余霞。
孤村凝烟，老树人家，投林昏鸦。

注:

斜～此处读 Xia。
津涯～岸边、水边。

2023 年 6 月 14 日于维罗纳阿拉根尼河畔

《眼儿媚·阿江黄昏》

翠荻绿芦青石墩，蓝椅对崖垠。
穿梭兰舟，来去凫轮，鸭划无痕。

山舍隐静人归晚，迎吠知犬阇。
幻倒影中，归鸦声里，坐凝黄昏。

注:

蓝椅～笔者每至阿拉根尼河边散步，专选此蓝色木椅端坐休息。（另有绿、橙等色木椅）

迎吠～犬迎人而吠。《楚辞·九辩》:"猛犬狺狺而迎吠兮，关梁闭而不通。"王逸注:"谗佞欢呼而在侧也……迎吠，拒贤人使不得进也。"《隋书·食货志》:"人愁不堪，离弃室宇，长吏叩扉而达曙，猛犬迎吠而终夕。"后以"迎吠"指奸邪。

犬阍～狗看门。

（迎吠知犬阍～听到狗叫知道这人家养狗看门，此并无指"奸邪"之意。）

2023 年 6 月 15 日于维罗纳阿拉根尼河畔

又一首：

《鹧鸪天·江燕》

雨过东风水面燕，一群飞掠绕斗船。
翻腾上下来还去，迅忽呼和近和远。

荻芦盛，岸草芊。隐佚鸥鹭更奥渊。
且若一壶浊酒过，长醉此时不羡仙。

注：

斗船～小船。

隐佚～隐逸者。

鸥鹭～无巧诈之心，异类可以亲近。或与鹭、鸥相约结盟。比喻淡泊隐居，不以世事为怀。

奥渊～深澳。

2023 年 6 月 15 日于维罗纳阿拉根尼河畔

《少年游·夜半雷电风雨》

闲斟杯酒，茹素荤餟，独自享醇釀。
素光忽垂，乱云鸿溶，惊雷震心忪。

明窗垂帘梢起舞，狂风凶，斜雨淙。
个样天象，别般壮容，今夜应无梦。

注:

茹…餟～茹，吃；餟，食物。
醇釀～浓厚甘美。
鸿溶～翻滚汹涌。

2023 年 6 月 16 日凌晨于维罗纳自寓

《鬓云松令·别友》

应豪举家远行，于"呼啦吧"话别，言定一载返。

栀子香，红花秀。依约相聚，泪洒黄昏后。
緣是交好诗文酒，顿启远行，万里重任就。

相惜久，离别又。世事无常，谁能任丐留。
唯待立约一年后，情似今时，情似今时否？

注：

呼啦吧～酒吧名，HULA BAR。

2023 年 6 月 16 日于维罗纳"呼啦吧"（HULA BAR）

《柳梢青·夏江凭临》

青山绿水，拱秀叠翠，岸柳垂媚。
唯我凭临，如此流景，何新亭泪？

或浮或飞禽类，或潜渊，或处隐遂。
平静方外，不静方中，与谁同醉？

注：

新亭泪～新亭，古地名，在今南京市的南面。表示某种特定痛
心而无可奈何的心情。
隐遂～隐遁。

方外～尘世之外。
方中～尘世之中。

2023 年 6 月 17 日于维罗纳阿拉根尼河畔

《虞美人·夏江无题》

西去三里江边路，斜阳凭栏处。
翠荻绿芦最任性，摇曳东风吹动宿鸟渚。

吾今老矣养相体，诗酒唯枕倚。
棹舟江月来去兮，酒里梦里管他悲愁喜。

注：

养相体～原意保养宰相的身体，后比喻明哲保身。
来去兮～归去来兮。东晋陶渊明作《归去来兮辞》写辞官还乡途中的怡悦之情，以及田园生活的宁静美好。表达了恬淡的胸襟和回归自然的决心。

2023 年 6 月 18 日于维罗纳阿拉根尼河畔

《七言·送别》

好友一家启程远别。

数与主友暂离别，惜怜之语诉还咽。
忽觉时来常送客，方知己身才睽阔。
独凭危栏西山暮，逐弄偏舟蓝水漱。
离恨三千皆酤酒，一半成血一半热。

注:

主友～在异国结识而成为朋友的居停主人。

暌阒～分离隔断。

三千～《尚书·吕刑》:"墨罚之属千,劓罚之属千,剕罚之属五百,宫罚之属三百,大辟之罚二百。五刑之属三千。"后以"三千"指古代所有的刑罚。泛言数目之多,称三千大千世界。

2023 年 6 月 19 日于维罗纳自寓

《五言·江》

日日江岸行,呆呆江边坐。
静待江上月,闲数江中舸。

2023 年 6 月 19 日于维罗纳阿拉根尼河畔

《五言·江畔幽村》

独步穿云树,斜阳归客船。
林密欲敛翠,壑深涌伏泉。
汀洲芦荻盛,曲水急波湍。
暮鸟声渐寂,村幽居自安。

注:

敛翠～凝聚秀色。

伏泉～从地下流出的水。

2023 年 6 月 20 日于维罗纳阿拉根尼河畔

《江南春·夏至》

今日夏至。夏至者，昼长为至，天道有序，于时设限。譬如善恶，善固无价，过犹不及。恶稔祸盈，天必惩至。

昼日长，落日迟。
天道有序事，人俗知四时。
为善无价不需过，为恶稔盈惩必至。

2023 年 6 月 21 日于维罗纳自寓

《七言·端午祭》

端午节为中国四大传统节日之一。习俗遍及中华大地，如：祭祖、划龙舟、祭龙、采草药、挂艾草、打午时水、洗草药水、拜神祭祖、回娘家、浸龙舟水、吃龙舟饭、食粽子、喝雄黄酒、涂抹雄黄、放纸龙、放纸鸢、拴五色丝线、佩香囊等等。战国时代楚国大夫屈原于端午投江，后又加上纪念屈原的仪式。

五月初五日当晖，仲夏山川正翠微。
巧妇裹粽满口笑，乐翁迎睇女儿归。
雄黄酩酊酬佳节，艾草驱疬守庭闱。
屈子汨罗趁时热，龙舟争渡桨齐飞。

注：

裹粽～端午习俗之一，以芦叶裹米为粽。
乐翁～岳父。
女儿归～端午习俗之一。出嫁之女回娘家。
雄黄～端午习俗之一。以雄黄泡酒饮和抹额头，以解毒。
艾草～艾草（学名：Artemisia argyi），又称作艾、艾蓬、甜艾、香艾、冰台、艾蒿、灸草、蘸萧、苹是一种多年生草本植物，分布于亚洲及欧洲地区。在诗经时代，就已经是很重要的民生植物，通常用于鍼灸术的"灸"。全世界的艾草种类可多达 300～400 种。

庭闱～端午习俗之一。闱，门。把艾草挂在门上以驱虫。

屈子～屈原。约前 340-约前 278。战国时代楚国人。名平，字原。又自称名正则，字灵均。初任左徒、三闾大夫，主张推行"美政"，改革政治。后遭旧贵族谗言攻击，被迫去官。楚顷襄王时，被放逐沅湘流域，终因理想无从实现，遂于投汨罗江自杀。作有《离骚》《九章》《天问》《九歌》等篇，开创了"楚辞"这一诗歌样式，对后世文学具有极大影响。

凑时热～屈原投江正逢民间端午节。

2023 年 6 月 22 日（是日端午节）于维罗纳自寓

《七言·观江》

江水无形似有形，绕岭三弯色更青。
拨开柳丝一径路，新抽芦叶满绿汀。

《七言·江鸥》

江鸥不识我姓名，点头对我叫三声。
我道青山日日见，何不相拜成吟盟。

注：

吟盟～诗坛、诗社。

（与鸥盟约为"鸥盟"。鸥盟，隐居也。）

2023 年 6 月 22 日

《七言·争一争》

古有指鹿为马，今有指鼠为鸭、侵人疆土为义，抗争御敌为舛；颠倒是非、枉论曲直，甚不愤者众矣！

方外方中两未成，皆因世事太桀横。
痛愤恶虎噬弱灵，更恨伥鬼欺苍生。
不惧愚诋堪白眼，是真汉子应举声。
莫让麋鹿指为马，是非曲直争一争。

注：

桀横～凶暴蛮横。

伥鬼～谓人死于虎，其鬼魂受虎役使者为"伥鬼"。 成语："为虎作伥"。

2023 年 6 月 23 日

《七言·世局如棋》

闻俄火拼。

闻道世局如弈棋，百年变幻莫置疑。
王侯走马换新主，文武争相献谗欺。
二三四魔互混世，千百万人齐喑噫。
谁道因果无轮回？善恶有报看浩弥。

注：

谗欺～谗害同僚，欺罔君上。

喑噫～心情郁结。

浩弥～广大弥漫，大天。

2023 年 6 月 24 日于维罗纳自寓

《七言·匹兹堡飞纽约》

飞纽约，登"NORWEGIAN 邮轮公司"之 JOY 游轮赴百慕大一游。

几回银鹰穿九霄，云汉轩窗一望遥。
老街冗杂仍碍目，广厦弱立似瘦腰。
教堂牧师驱车迎，书馆儒师赤诚教。
云马闹市如龟步，挪威巨艋比山高。

注:

云马～众多马匹。此指纽约道路上的汽车。
挪威～邮轮公司"NORWEGIAN"。
巨艋～大型游轮 JOY。

2023 年 6 月 25 日于纽约曼哈顿邮船码头"JOY"邮轮上

《七言·水上铁城》

一座铁城水上漂，围望水天十里遥。
波去云来知前行，月前影后似圆雕。
吃喝玩乐应尽有，声色犬马任奢耗。
人生倘是终此乐，一样倦闷日难熬。

注:

铁城～指地狱。佛教传说中认为阿鼻地狱之城由铁铸成。也指遂城，今河北省徐水县遂城。宋为广信军治所，杨延昭守此，辽军攻围百战不能下，因有"铁遂城"之称。简称铁城。此指 JOY 游轮。

十里～因地球曲率，眼望水平线处约十里。

圆雕～雕塑的一种，其特点无背景，可四面欣赏。游轮在大洋中，如一圆雕。

2023 年 6 月 26 日于大西洋"JOY"邮轮上

《七言·东坡箴言》

空调软床梦不成，蓝水碧天夜云轻。
笛声远过临轮去，栏杆湿透半月明。
沧海一粟巨轮缈，人生百年些许幸。
东坡有言言此时，旧年赤壁赋箴经。

注：

临轮～航程中遇俩其他游轮，并行而行，JOY 轮快，逐远去。
东坡有言～苏东坡在《前赤壁赋》中有句："哀吾生之须臾，缈沧海之一粟。"

2023 年 6 月 26 日于大西洋"JOY"邮轮上

《七言·越时区》

依旧十里水围势，却报拨钟快一时。
廿节航速非龟步，千里胜地近约至
依然三餐丰亦盛，且选四品喝与吃。
寻处幽静宜雅致，独自冥想诌此诗。

注：

快一时～出发地纽约所在时区，比目的地百慕大所在时区慢一个小时。船已进入百慕大所在时区，故船方提醒旅客把钟表拨快一个小时。

2023 年 6 月 27 日于大西洋 "JOY" 邮轮上

《七言·小艇》

右弦渺渺一小艇，劈浪颠簸伴我行。
原来须臾近坛陆，水平线处蓬莱境。
两日孤旅终到头，一众仙客起乘兴。
渐次瓦舍清入帘，唯待接地赏胜景。

注：

坛陆～水中陆地。《庄子·至乐》："夫以鸟养养鸟者，宜栖之深林，游之坛陆，浮之江湖……随行列而止，委蛇而处。" 成玄英疏："坛陆，湖渚也。"

蓬莱～传说中海上的仙山之一。

2023 年 6 月 27 日于大西洋 "JOY" 邮轮上

《七言·快艇》

惊闻轮上人促病，仙岛驶来一快艇。
附挂并行救患者，机操担架送侍丁。
快艇如箭飞去远，游轮未作中途停。
但愿医者回春手，七级浮屠输一命。

注：

促病～急病。

侍丁～服务生。

回春少～医生治病救人称为"妙手回春"。

七级浮屠～浮屠，指佛塔。佛教有"救人一命胜造七级浮屠"之说。

2023 年 6 月 27 日于大西洋"JOY"邮轮上

《忆王孙·泊百慕大港》

二十层高之 JOY 游轮，在大西洋中缈如一叶，泊百慕大港后，比肩百慕大群岛中最高山岗。

巨轮一叶大西洋，

合与行云共天光，

遥看皆是水茫茫。

且到港，

却可比肩坤岭岗。

注：

百慕大～百慕大位于北大西洋，英国海外领地，距美洲大陆约 900 多公里。此次豪华游轮旅游之目的地。

坤～地。此指陆地。

2023 年 6 月 28 日于百慕大海港

七言二首：

《七言·百慕大之夜》

万顷波光搅月碎，一夜风露湿鹿床。
踌躇梦醒去何处，桃源世外还有乡。

注：

鹿床～坐卧之具。古人之"坐榻"。

《七言·珊瑚礁》

搭一小轮绕百慕大南端之游轮码头，延百慕大岛东北上，行约半点钟，至一珊瑚礁海域。小轮打开舱底活动地板，呈一片透明船底，有灯光照射，珊瑚礁画面豁然洞开。小轮倒、进、左、右自如，巡遍珊瑚礁海面，如此实地观赏，实难得矣。

珊瑚如絮褥浅底，水草盛茂冲天立。
最喜群鱼得水乐，球黄原是海绵体。

2023 年 6 月 29 日于百慕大东海域

《七言·汉密尔顿市》

一条长路延渔钩，通向仙岛登瀛洲。
不求濠上譬惠子，却在雨中品麦酒。
总督府衙门罗雀，汇丰银行声沸稠。
百年教化人有礼，不枉来此作闲游。

87

注：

渔钩～百慕大群岛由东北向西南形如渔钩。

瀛洲～传说中的海上仙山。李白诗："海客谈瀛洲，烟涛微茫信难求。"

濠上～濠水之上。《庄子·秋水》记庄子与惠子游于濠梁之上，见儵鱼出游从容，因辩论鱼知乐否。后多用"濠上"比喻别有会心、自得其乐之地。

譬～打比方。（譬如）

惠子～春秋诡辩家，与庄子在濠水辩论者。

麦酒～即啤酒，一种含大量二氧化碳和低度酒精的饮料。以大麦芽和啤酒花为主要原料，经酵母发酵制成。酒精含量：2%～7.5%。经巴氏高温灭菌瓶装、罐装的称"熟啤酒"，保存期可达六十天以上；未经灭菌过滤的称"生啤酒"或"鲜啤酒"，含活酵母，不耐贮藏，保存期仅五至七天。富含多种营养成分，享有"液体面包"之称。

2023 年 6 月 29 日于百慕大汉密尔顿市

《七言·电闪雷鸣启锚》

6 月 29 日 5 时整，JOY 轮启锚。突一闪电于高空直落码头地面，爆声震耳欲聋，紧接暴雨如注，似为 JOY 轮壮行也！

一条电闪落地燃，照遍乾坤亮色粲。
豪雨为我解绳锚，爆雷是你示绻恋。
山中七日终需终，世上百年担要担。
收拾余兴整装待，千里归途三大餐。

2023 年 6 月 29 日于百慕大游轮码头 JOY 轮上

《七言·大西洋》

大洋蓝水接云天，巨艋却如一叶扁。
人心何来比天大，蜉蝣夏虫一瞬间。

2023 年 6 月 30 日于 JOY 轮回纽约途中

《五言·大洋遇大货轮》

沧海两粒粟，原是铁巨蠹。
万里曾相遇，千浔唯号呼。
翘艑逆路行，加鞭赶修途。
人生何一似，有缘应怜顾。

注：

铁巨蠹～指巨轮。
浔～水深。
号呼～大声叫唤。语出《诗·大雅·荡》："既愆尔止，靡明靡晦。式号式呼，俾昼作夜。"
修途～长途。

2023 年 6 月 30 日于 JOY 轮回纽约途中

《五言·旅程结束派对》

骄阳热且灼，乐声摇且滚。
节奏振众心，促弦摆腰臀。
腹胀饮更多，肤健晒益皱。
旅途期末日，欢乐满游轮。

注：

促弦～白居易《琵琶行(并序)》："感我此言良久立，却坐促弦弦转急。"

皱～（因晒）皮肤干裂，蜕皮。

2023 年 6 月 30 日于 JOY 轮回纽约途中

七月诗词

《五言·归程之夜》

夜，左空明月伴舟行，前方金星指路灯。海域鳞波闪，远城彩霓耀，此时此景，坐等旭日东升。

明月伴归程，金星志号灯。
鳞波闪海域，霓彩耀故城。
惶惶夜不眠，朦朦闻鼓更。
坐起描此景，朝阳渐东升。

注:

志号灯～信号灯。

故城～过去的城市。如:《史记·春申君列传·赞》:"吾适楚，观春申君故城，宫室盛矣哉!"此指纽约。

2023 年 7 月 1 日凌晨于 JOY 轮归近纽约途中

《清平乐·清江依旧》

昨从百慕大经纽约回，豪雨如注，连夜不息，今午后始停，黄昏放晴，夕阳西下。

清江依旧，夏雨洗堤柳。
一行振鹭惊愚叟，正是斜阳时候。

昨日乘远回门，承迎豪雨倾盆。
相忘他乡山水，只消一个黄昏。

注：

振鹭～《诗·周颂·振鹭》："振鹭于飞，于彼西雍。"孔颖达疏："言有振振然絜白之鹭鸟往飞也……美威仪之人臣而助祭王庙亦得其宜也。"又，《毛传》："鹭，白鸟也，以兴絜白之士。"郑玄笺："絜白之士群集于君之朝。"，后以"振鹭"喻在朝的操行纯洁的贤人。

愚叟～愚公。此指自己。

2023 年 7 月 2 日于维罗纳阿拉根尼江畔

《鹊桥仙·待月》

连日（癸卯五月十六）暴雨，昨午后晴，至夜阴晴不定，月显月隐，半夜终成暴雨。

云启又出，云停又遮，忽隐忽现圆月。
道是十六分外圆，却被那、夜雨玩忽。

杯又再斟，酒又再酌，静待风起云没。

洗净天上宫阙，好见那、月里嫦娥。

2023 年 7 月 3 日于匹兹堡雪尔镇女儿家

《七言·七四》

7 月 4 日是美国独立日，247 年前（公元 1776 年 7 月 4 日）大陆会议，先贤们签署《美国独立宣言》宣布摆脱"大英帝国"统治，建立"美利坚合众国"。

美国独立的意义并不是建立一个政权；而是人民脱离一个政权！这个合众国体制的特征是：独立、自由、选举、三权分立和法制。

但是美国目前渐渐被垄断大资产豢养的政党所控制。美国必须回归先贤们建立这个合众国的"初心"，回归宪法，回归基督教精神！

先贤浴血争自由，摆脱政权民主谋。

莫将权利输财资，铲除垄断众运筹。

2023 年 7 月 4 日于匹兹堡雪尔镇女儿家

《采桑子·美国独立日夜》

7月4日美国独立日，匹兹堡没有集中燃放烟花爆竹，但入夜，各小镇和民间都会同时燃放，至夜空如繁花缤纷，仙雾缥缈。

夜空缤纷花千树。
东边声雷，西边声炮。
雷轰炮隆霾仙雾。

天地同贺此义度。
天上月明，地上花艳。
月明花艳万千祝。

注：

花千树～到处燃放的烟花爆竹。

仙雾～烟花爆竹造成的缥缈烟雾。

义度～仪则法度。指摆脱皇权统治，按照民主自由为基础的宪法建立的独立"美利坚合众国"。

2023年7月4日入夜于匹兹堡雪尔镇女儿家

《七言·独立日的反思》

美国现时尚有几分实践《独立宣言》之初心？

一群乡贤举义师，万民千姓得恩私
二百四十七年去，尚有几分存初思。

注：

乡贤～乡里中德行高尚者。

恩私～恩惠。

二百四十七年～美国发表《独立宣言》建立"美利坚合众国"247 周年。

初思～初心。

2023 年 7 月 5 日于匹兹堡女儿家

《蝶恋花·独立日夜反思》

昨日美国独立日，入夜四处烟花爆竹。

独自对月共一醉。
谁道云乱，随着西风吹。
三日无晴今日晴，赐给普天烟花萃。

蒙得恩荣莫忘愧！
四百年前，与神相约瑞。
渐行渐远今败类，悖逆初心终埋坠。

注：

烟花萃～美国独立日夜各处争放烟花爆竹。

四百年～欧洲清教徒，本着在美洲新大陆建立一个相对英国腐败教会的清净国度的理想，在 1620 年 11 月 21 日经过 10 个月的海上漂流到达北美洲海岸。

约瑞～与上帝的一个美好的"契约"。现在还有多少人记得五月花号清教徒的"初心"？

悖逆～违背正道。

堙坠～湮灭、泯灭。

2023 年 7 月 5 日于匹兹堡雪尔镇女儿家

《五言·国际歌》

得一"国际歌"法语完整原文，随之哼唱。

斜阳已西落，江月渐东上。
宽衣解倦乏，开窗换气爽。
当炉治飧鲜，临风品酒香。
半酣独放歌，自笑老倒嗓。

2023 年 7 月 5 日于维罗纳自寓

《七言·芦荻》

郁郁绿汀沙鸥眠，江水无语连丽天。
最是芦荻经雨后，片片叶锐碧芊芊。

注：

丽天～附着于天。语出《易·离》："日月丽乎天。"孔颖达疏："日月丽乎天，百谷草木丽乎土者，此广明附着之义。"也谓光华照耀的天宇。又比喻德行昭美。

2023 年 7 月 6 日于维罗纳阿拉根尼河畔

《五言·小暑》

小暑温风至，亢热起豪肆。
促织居幽辟，雏鹰始劲鸷。
三候进盛夏，半月入伏炽。
豆芽加莲藕，黄鳝装箪笥。

注：

促织～即蟋蟀。

幽辟～幽暗的夹缝。此时蟋蟀尚未长翅，因热躲到阴凉地方。

鸷～凶猛的鸟。指母鹰带领雏高飞成鸷。

三候～小暑三候，谓：温风起、蟋蟀居辟、鹰学鸷。

半月～指两周。

伏炽～炽热的伏天。

豆芽、莲藕、黄鳝～传统小暑的食物"三宝"。有谚语："小暑吃三宝，伏天没烦恼。"

箪笥～读 Dan Si。用竹子做的饭盒。

2023 年 7 月 7 日（是日小暑节气）于维罗纳自寓

《点绛唇·嗳嚅翁》

昨去骨科医院复查左脚伤，医生说因年龄新陈代谢减缓，恢复较慢，五周后再复查。

岁月匆匆，碌碌风尘堪斫砉。
年华消磨，齑霜身畸躬。

今时情怀，妄装老还童。
却奈何，岁卒年穷，做个嗳嚅翁。

注：

斫砻～斫，削也；砻，磨也。砍削磨光。语本《谷梁传．庄公二十四年》："礼，天子之桷，斫之砻之，加密石焉。"

畸躬～身体弯曲变形。也指特立独行之人。

嗫嚅翁～《新唐书·窦巩传》："巩字友封，雅裕，有名于时。平居与人言若不出口，世号嗫嚅翁。"后称懦弱畏事或不善辞令之人。

2023 年 7 月 7 日于维罗纳自寓

《七言·夏夜》

下半夜去机场接人，一半沿江路，一半山路，夜风习习，十分凉爽。

清江水光映山光，习习晚风衫笠凉。
残月西去无人问，半璧随流渐微茫。
密树荫中闻雀声，小肆街头品酒香。
夏夜三更有爽意，何必蒻蓆卧匡床。

注：

衫笠～青衫、凉笠，夏天的衣服。

半璧～残月。

蒻蓆～蒻蒲草编的凉蓆。莲藕入泥的白色部分，俗称"藕鞭"，也叫"蒻"。

匡床～安稳舒适的床。

2023 年 7 月 8 日凌晨于匹兹堡国际机场

《苏幕遮·夜思》

荻芦青，翠林溆。忽阴忽晴，五月度时暑。
深丛有禽窃窃语，刍议飞否，傲天起鸿渚。

乡国遥，怎生去？一折一磨，孱躯已偻旅。
长忆幽情赋隐句，付与谁汝，残月照酣酺。

注：

林溆～山林与水滨。也指隐居之地。

刍议～草野平民的言论。也是称自己言论的谦词。

鸿渚～《诗·邶风·九罭》："鸿飞遵渚，公归无所，于女信处。"
毛传："鸿不宜循渚也。"郑玄笺："鸿，大鸟也，不宜与凫鹥之属飞
而循渚。比喻周公今与凡人处东都之邑，失其所也。"后以"鸿渚"
谓鹄循渚而飞。

孱躯～衰弱的身躯。

偻旅～伛偻，身体弯曲。

酣酺～畅饮美酒。

2023 年 7 月 9 日于维罗纳阿拉根尼河畔

《采桑子·晨阳》

最是晨阳初入天。
搅动清江，水随天远。
叶上晶露湿未干。

满院绿色瓜藤牵。
菜豆花黄，品凡花鲜。
一声归去闻啼鹃。

注：

品凡～普通，一般。

啼鹃～啼叫的杜鹃鸟。杜鹃啼声如："不如归去！"

2023 年 7 月 10 日于维罗纳自寓

《七言·夜阑》

窗前月残三更风，夜幕星幽嵌遥空。

飞来片云随望远，即去故园叹计穷。

愁及迁途万里绕，恨听子规千声同。

待约杜鹃花满山，新知旧雨两相逢。

注：

子规～即杜鹃鸟。

杜鹃花～杜鹃花通常一年开三次。第一次在春季（四月前后）；第二次在夏季（六月前后，即春夏之交）第三次在深秋（11 月前后，即所谓十月小阳春时期）。当然根据地域不同开花时间也不尽相同。现在已经过了夏季盛开时间，故这里显然是指深秋（十月小阳春）开的时间。

今雨～新朋友（相对于旧雨）。

旧雨～老朋友。

2023 年 7 月 11 日凌晨（后三更）于维罗纳自寓

《如梦令·感怀》

月亏夜静如昨，恰似百年离索。
山隐水朦胧，不见归去路迹。
莫嘅！莫嘅！总是光尘过客。

注：

离索～孤独、离散。
嘅～嗟叹、赞叹。
光尘～俗世。《老子》：和其光，同其尘。"以"光尘"喻世俗。

2023 年 7 月 11 日于维罗纳自寓

《望江南·思归》

芦叶青，一望芊萋萋。
坐数行舟慰寂窦，思随行舟西去西。
何时来去兮。

来鸿啼，总来问归期。
莫道年年岁月老，却苦年年空缘跻。
挥鞭驾驷骊。

注：

来去兮～辞赋篇名。《晋书·隐逸传·陶潜》："执事者闻之，以为彭泽令……郡遣督邮至县，吏白应束带见之。潜叹曰吾不能为五斗米折腰，拳拳事乡里小人邪！义熙二年解印去县，乃赋《归去来》。"用为归隐之典。

来鸿～鸿雁。也代表"书信"。

缘跻～攀登。

驷骊～四匹深黑色马拉的车。

2023 年 7 月 12 日于维罗纳阿拉根尼河畔

《忆王孙·江景》

清江随空消无形，荻芦密遮江中汀。

树上子规唤我听。

远山青，西去归舟自在行。

2023 年 7 月 12 日于维罗纳阿拉根尼河畔

《虞美人·蹉跎》

和风轻动岸边树，空舟泊野渡。

处处鸠啼声不住，飞云幻彩皆因斜阳暮。

年年都被蹉跎误，终成遗黎故。

倚醉堕甑且不顾，换杯对月与影共酣醄。

注：

遗黎故～前朝经历世变的老人。

堕甑～酒瓮坠落破碎。《后汉书·孟敏传》："（孟敏）客居太原。荷甑堕地，不顾而去。林宗见而问其意。对曰，甑以破矣，视之何益？"后以"堕甑"比喻事已过去，无法挽回，不必再作无益的回顾。

酣醄～畅饮，纵饮。

2023 年 7 月 13 日于维罗纳自寓

《七言·三休》

叠翠林树隐山楼，锐密芦荻围汀洲。
苍茫暮色升夕烟，心宁水籁盟信鸥。
一窖微尘归真璞，二丝鬓发弄扁舟。
莫嫌起伏悲秋早，司空耄聩也三休。

注：

山楼～山间的房屋。（匹兹堡多"山楼"）。

水籁～流水的声音。

信鸥～一种定时来去的鸥鸟，因其有定时，故称信鸥。

一窖微尘～指人世一切皆如一窖尘土，终至全消。

二丝～斑白。

起伏～炎夏三伏天起始。（今年起伏为两天前的 2023 年 7 月 11
日）

耄聩～年老糊涂。

三休～《旧唐书·文苑传下·司空图》。司空图晚年以足疾乞
退，居中条山王官谷，筑亭名"三休"。作文云："休，休也，美也，
既休而具美存焉。盖量其才一宜休，揣其分二宜休，耄且聩三宜休。
又少而惰，长而率，老而迂，是三者非济时之用，又宜休也。"后以
"三休"为退隐之典。

2023 年 7 月 13 日于维罗纳阿拉根尼河畔

《渔歌子·了足》

南风曛，岸草绿，荫下闲看野禽浴。
柳丝垂，汀芦锐，清江沿岭九曲。

莫偏怀，宜倾目，心宽气顺自然笃。

丕酒烈，瑶杯深，一醉此生了足。

注：

偏怀～胸怀狭窄。

倾目～目光专注。

丕酒～醇厚的酒。

瑶杯～原指玉制酒杯，亦用作酒杯的美称。

了足～满足。

2023 年 7 月 14 日于维罗纳阿拉根尼河畔

《七言·历史今天·马嵬驿》

读白居易《长恨歌》，公元 756 年 7 月 15 日，安史之乱后，唐明皇逃离长安，至马嵬驿（今陕西省兴平市以西）士兵哗变，要求唐明王处死奸相杨国忠和杨国忠的妹妹贵妃杨玉环。唐明王作为一国之君，处死杨国忠，最后连自己最宠爱的女人也都保护不了，遂赐白绫缢死。在老朽看来，什么"在天愿作比翼鸟，在地愿为连理枝。"不过是白居易自己的一个意淫。足为世人训戒也。

一千二百六十七，一条白绫玉奴缢。

仓皇失威求自保，比翼连理空衰恫。

盛世从民敛掠来，丧乱由奸佞恶弼。

不从专制进民主，旋回难逃此卒律。

注：

马嵬驿～又称马嵬坡，今陕西省兴平市以西。

一千二百六十七～公元 756 年至今为 1267 年。

玉奴～杨贵妃的小名。

弼～辅佐。

卒律～短促的规律。

2023 年 7 月 15 日于匹兹堡女儿家

《打油诗·生德载物》

女儿家庭出门，吾代伴三狗俩猫。后院常有群鹿觅食，见狗猫亦不惊跳，和睦相处。

三只小狗两只猫，吃喝拉撒每暮朝。
上天生德地载物，觅草小鹿不惊跳。

注：

生德～"上天有好生之德"。查《尚书·大禹谟》："与其杀不辜，宁失不经，好生之德，洽于民心。"或《诗经》："天生烝民，有物有则，民之秉彝，好是懿德。"

载物～"大地有载物之厚"。出自《易经》："地势坤君子以厚德载物"。

2023 年 7 月 16 日于匹兹堡雪儿镇女儿家

五言二首

《留守》

留守，需溜犬、撸猫、喂鱼、观鹿…。

晨风送清气，夜雨留早凉。
犬猫嬉野鹿，池鱼投食忙。

《楼台》

楼台半岭上，林树高凌空。
倚阑花浮彩，俯观草茏葱。

2023 年 7 月 17 日于匹兹堡雪尔镇女儿家

《霜叶飞·无眠》

闲愁难了。飞鸿去，离恨嗟悔难表。
满头稀丝忆当初，叹息人已老。
寻梦不成待天晓，子规影远声也杳。
初月正无月，孤星犹被乱云罩，夜空窅窅。

悄悄，独自啐饮。
消愁更愁，次第有谁知道？
院里瓜藤茎缠绕，恰如心烦恼。
莫道三伏秋还早，圉圉却已剩叶杪。
不如移步江徼，青芦红蓼，山空水渺。

注：

初月～月初。（2023 年 7 月 18 日农历六月初一）

孤星～指金星，古代称太白星，早晨东出称"启明"，晚上西出称"长庚"。

窅窅～幽暗。

江徼～江边。

红蓼～一年生草本植物，叶披针形，花小，浅红色，生长在水边或水中。亦称"水蓼"。

2023 年 7 月 18 日于维罗纳阿拉根尼河畔

七言两首

《江夏》

碧水蜿蜒绕空山，青获中流抱汀洲。
野村荫下憩午眠，柳岸隐处观凫游。
时有夏雨润旱麓，合无闲情弄扁舟。
冰消溽暑莫非酒，留得半壶邀盟鸥。

注：

青获～多年生草本植物，生在水边，叶子长形，似芦苇。
凫～野鸭。
麓～山脚下。
溽暑～潮湿闷热的夏天。
盟鸥～结为伴侣的鸥鸟，谓与之订盟同住水乡。喻退隐。

2013 年 7 月 19 日于维罗纳阿拉根尼河畔

《独酌》

斟杯独酌心自宽，世事浮云等闲看。
皓首未曾穷七经，强仕惜无勇三冠。
闲来临纸如椽笔，兴时甩江钓鱼竿。
人情冷暖早了知，诗情酒意任阑珊。

注：

七经～历来所推崇七部经典。七经名目说法不一。
儒家七经：
东汉：《易》《诗》《书》《仪礼》《春秋》《公羊》《论语》；

唐：《诗》《书》《礼》《乐》《易》《春秋》《论语》；

宋：《书》《诗》《周礼》《仪礼》《礼记》《公羊》《论语》；

清：《易》《书》《诗》《春秋》《周礼》《仪礼》《礼记》；

道家七经：《仁经》《礼经》《信经》《义经》《智经》《德经》《道经》；

佛家七经：《无量清净平等觉经》《大阿弥陀经》《无量寿经》《观无量寿经》《阿弥陀经》《称赞净土佛摄授经》《鼓音声王陀罗尼经》。

强仕～四十岁的代称。《礼记．曲礼上》："四十曰强，而仕。"

临纸～面对纸或字帖。

如椽笔～《晋书·王珣传》：王珣梦见有人给他一支像椽那样大的笔，要他写重要文章。不久皇帝死了，所有的文件都由王珣写成。后用"如椽笔"指文笔雄健遒劲。此反讽自己拿支大笔写不出好东西。

阑珊～将近、衰落。

2023 年 7 月 19 日于维罗纳自寓

《念奴娇·少年鼓手》

昨晚女儿女婿经营之"呼啦吧"（HULA Bar）举办乐队演出。吾十二岁八个月大的外孙，首次出任鼓手，其仅自学数月。

夏雨才住，一空清，夕阳染红林绿。
酒肆幡旗，书道是，今夜鼓乐欢度。
天男凤女，村西村东，自前来淹驻。
传杯弄盏，娇侍匆忙倾酤。

俄许音振声动，拨弦击鼓，刹那止喧诉。
贝斯节奏，歌如溯，鼓锣颠狂奋怒。

回眸少年，原来吾孙，十二八月足。

孙儿含笑，更显青涩夭嫮。

注：

倾酤～斟酒入杯。

夭嫮～美盛。

2023 年 7 月 20 日于维罗纳 HULA BAR

《望江东·与友》

友，夫美国人；妻越裔台湾人，久在台湾谋生。因疫情历四载始得来美国拜见年迈婆母。今午聚餐于饭店。言及战讹之忧，踌躇来美国谋生……。

半老却仍灼其华，四载别、今又遇。婆母儿女夫相顾，天伦乐、添横趣。

佳肴难掩意踌躇，喃喃语、悄声诉。为惊战讹心恒怖，离乱起、怎生度。

注：

灼其华～形容女子年轻貌美。出之《诗经·国风·夭桃》："桃之夭夭，灼灼其华。"用桃花的娇夭，衬托女子的美貌。

战讹～用战争来讹诈。

2023 年 7 月 21 日于匹兹堡"老四川饭店"

《定风波·戏问月》

昨晚月芽，似剪下指甲如钩之残余。

把酒对月问起居，何事只如指甲余。请汝莫强减肥了，吃饱，多吃蛋蔬猪牛鱼。

吴刚灵兔金蟾蜍，嫦娥玉殿舞长裾。身影随我邀尔曹，畅饮，唯到圆时共宴醵。

注：

尔曹～你们这些人。

宴醵～凑钱喝酒。

2023 年 7 月 22 日于维罗纳自寓

《五言两首·大暑·天序》

其一：《大暑》

四序天均分，大暑气如焚。
炎热偏日长，风薰总氤氲。
中伏莫尤怨，立秋有凉氛。
团扇助心静，诗书应眈勤。

注：

中伏～三伏的第二伏，也称二伏。通常指从夏至后第四个庚日起到立秋后第一个庚日前一天的一段时间。今年中伏起始于大暑前两天。

110

立秋～二十四节气之一，接大暑节气后。

其二：《天道》

> 日月行有序，昼夜转一轮。
> 寒热分冬夏，衰盛属秋春。
> 唯人偏逾矩，贪佞穷敛缗
> 莫道事不公，天地本不仁。

注:

缗～（读 hun，也可读 min）古时串钱的绳子，也作钱意。敛缗也作课税解。但此作"敛财"解。

天地不仁～《老子·第五章》:"天地不仁,以万物为刍(chú)狗。"通俗点说：天地看待万物是一样的，不会对谁特别好，也不会对谁特别坏，一切顺其自然发展。换句话说，不管万物变成什么样子，那是万物自己的行为，与天地无关。这里的"仁"不能解释为"仁义"的"仁"。

2023 年 7 月 23 日（是日农历大暑）于维罗纳自寓

《七言·坐江》

> 江流弯处易聚沙，岸壁小径去无涯。
> 水浅鱼多引白鹭，芦深荻茂藏野鸭。
> 舟楫往来穿云桥，枝头开合向阳花。
> 不枉老来方外意，随性小酌且品茶。

注:

舟楫～《诗经·卫风·竹竿》:"桧楫松舟"。毛传:"楫所以棹舟，舟楫相配，得水而行。"后以"舟楫"泛指船只。

方外～尘世之外。

2023 年 7 月 24 日于维罗纳阿拉根尼河畔

《定风波·观舟》

夏川水平映一天，休日游人鬥竞船。
穿波破浪星电驰，争先，何惧身后飞珠溅。

莫笑老朽坐石岸，趣看，几片小布遮屁圆。
或有刳艇险翻侧，好悬，技高艺胜再著鞭。

注：

休日～休沐日，假日。（暑假）
刳艇～独木舟。（今单人皮艇类）

2023 年 7 月 25 日于维罗纳阿拉根尼河畔

《七言·即情》

网掀"罗刹国"故事。

满眼苍翠陋室居，虽无华饰冷暖余。
少问世间烦心事，只道名利是子虚。
闲时江边行舟数，馋来廊下丕酒醵。
情取自得方外乐，一醉方可梦华胥。

注：

梦华胥～《列子·黄帝》："（黄帝）昼寝，而梦游于华胥氏之国。华胥氏之国在弇州之西，台州之北，不知斯齐国几千万里。盖非舟车足力之所及，神游而已。其国无帅长，自然而已；其民无嗜欲，自然而已……黄帝既寤，怡然自得。"后指理想的安乐和平之境，或作梦境的代称。（试与"罗刹国"比）

2023 年 7 月 26 日于维罗纳自寓

《千秋岁·山外水边》

世交小辈今搭机回台湾。

山外水边，红串蓼草芊。
莺声碎，柳丝妍。
人去意缠绵，是若不了缘。
归巢燕，腾空飞上九重天。

昨日践行酒，明朝白云篇。
凭谁问，何时见？
遥祝神垂眷，此心一秉虔。
千万里，莫忘时时共婵娟。

注：

白云篇～南朝齐谢朓《拜中军记室辞随王笺》诗中有"白云在天，龙门不见"之句，后以"白云篇"喻思念亲人之作。

2023 年 7 月 26 日于匹兹堡国际机场

《七言·凌晨雷雨》

夜静电光声来迟，敲窗斜滴骤雨时。
潺潺檐流金玉碎，啸啸疾风瓜架支。
醒卧翻转四体懒，坐起审读二韵诗。
最是此地清暑水，日明园圃应华滋。

注：

金玉碎～如金玉被撞击破碎发出的声音。

二韵诗～指绝句。近体诗首句可不用韵，即使入韵，亦不算在韵数之内，故称绝句为"二韵诗"。（附"两韵诗"～诗体之一种。一首诗中押平仄两韵。如唐章碣《变体诗》"东南路尽吴江畔，正是穷愁暮雨天。鸥鹭不嫌斜两岸，波涛欺得逆风船。偶逢岛寺停帆看，深羡渔翁下钓眠。今古若论英达算，鸱夷高兴固无边"，就是一首两韵诗。）

清暑～消除暑热。

华滋～枝叶繁茂、润泽；也形容姿色丰美滋润；还比文辞优美。

2023 年 7 月 27 日于维罗纳自寓

《五言·垂老》

因左脚伤，两个月来右腿多用至膝盖乏力。

垂老知沦暮，齿衰鬓发疏。
逆旅了已尽，顺情寻世度
且将百年忧，化作二韵赋。
三生皆幻化，四空犹参悟。
遇乐应讙欢，得酒当酣醑。

注：

沦暮～衰老。

逆旅～旅居。喻人生匆遽短促。

世度～出世超凡（尘）。

二韵～绝句，此指诗词歌赋。

酣醺～畅饮。

三生～佛教语。指前生、今生、来生。白居易有一首《赠张处士山人》："世说三生如不谬,共疑巢许是前身。"巢（巢父）、許（许由）都是传说中的贤人。

幻化～有两个意思，其一变化、变幻；其二佛教语，谓万物了无实性。

四空～四大皆空。佛教指世上一切都是空虚。

参悟～领会。

2023 年 7 月 28 日于维罗纳自寓

《凤凰台上忆吹箫·读李清照》

和诚慧诗友《凤凰台上忆吹箫·谒李清照纪念馆》，步李清照同词牌韵。

李清照人生先后有重大反差，先是名门闺秀，婚姻幸福；后逢战乱，且成孤寡，境况凄惨。唯此才有风格迥异，脍炙人口的创作。

娇倩旖旎，丽影秀朗，垂鬓拥起云头。
书灵霞纸满，韵谱双钩。
淬磨言隽句苦，赏心事，勾描丕休。
诗肩瘦，未消淡酒，却道凉秋。

咻咻。

归雁过也，九曲总《阳关》，西风厮留。

梦断乡路远，汉陵秦楼。

蓬莱长山断水，唯叫我，泪垂低眸。

笛声处，箫声再添，诉许多愁。

注:

垂髫～古代儿童未冠，头发下垂。陶渊明《桃花源记》有："黄发垂髫，并恬然自乐。"句。

云头～秀美的头髪。

书灵霞纸～灵妙的书法、彩色的纸张。（表示优美的文字）

韵谱～合仄押韵。

双钩～书法的一种执笔方法。（表示字体精美）

淬磨～磨砺、磨炼。

言隽～语言智慧、幽默。

句苦～锤炼句子。

丕休～极其美善。

诗肩瘦～李清照词有"新来瘦，非干病酒，不是悲秋"（《凤凰台上忆吹箫》）、"知否？知否？应是绿肥红瘦"（《如梦令》）、"莫道不销魂。帘卷西风，人比黄花瘦"（《醉花阴》）三句，故人称"李三瘦"。（贾宝玉《访妙玉乞红梅》有："槎枒谁惜诗肩瘦，衣上犹沾佛院苔。"句。）

未消淡酒～李清照《如梦令》有："浓睡未消淡酒"句。

却道凉秋～辛弃疾《丑奴儿（又名采桑子）•书博山道中壁》："少年不识愁滋味，爱上层楼。爱上层楼，为赋新词强说愁。 而今识尽愁滋味，欲说还休。欲说还休，却道天凉好个秋！"

雁过也～李清照《声声慢》有："雁过也，正伤心，却是旧时相识。"句。

咻咻～读 xiu。感叹词，悲戚。

阳关～《阳关三叠》，又名《阳关曲》《渭城曲》。该曲取材自王维的七言绝句《送元二使安西》："渭城朝雨浥轻尘，客舍青青柳色新。劝君更尽一杯酒，西出阳关无故人"。于唐代被编成琴歌，歌曲分三大段，叠唱原诗外，加入由原诗诗意所发展的若干词句，为当时的梨园乐工广为传唱。诗中"西出阳关无故人"一反复吟唱三遍，故名《阳关三叠》。（李清照在多首诗词中用"阳关"一词表达离愁。）

厮留～前后分离，不相衔接。

汉陵秦楼～李白《忆秦娥》："箫声咽，秦娥梦断秦楼月。秦楼月，年年柳色，灞陵伤别。　乐游原上清秋节，咸阳古道音尘绝。音尘绝，西风残照，汉家陵阙。"

诉许多愁～李清照《武陵春·春晚》："风住尘香花已尽，日晚倦梳头。物是人非事事休，欲语泪先流。闻说双溪春尚好，也拟泛轻舟。只恐双溪舴艋舟，载不动许多愁。"

2023 年 7 月 29 日于维罗纳自寓

李清照原词：

《凤凰台上忆吹箫》

香冷金猊，被翻红浪，起来慵自梳头。
任宝奁尘满，日上帘钩。
生怕离怀别苦，多少事、欲说还休。
新来瘦，非干病酒，不是悲秋。

休休，
这回去也，千万遍《阳关》，也则难留。
念武陵人远，烟锁秦楼。
惟有楼前流水，应念我、终日凝眸。
凝眸处，从今又添，一段新愁。

《声声慢·雷雨早晨》

黑云深广，闪电蛇光，西天一阵暴响。
疾风到处，树折花遭摧戕。
忽来豆大雨点，涤毡瓦、敲洗楼窗。
是谁支，使雷公电母，清晨作场。

瞬间云开日耀，热洒气腾升，一碧昊苍。
园圃承浆，似见枝叶丰长。
三伏大暑节上，摘两只、黄瓜品尝。
加些醋，拌些酱，喝口高粱。

注：

高粱～高粱酒。

2023 年 7 月 30 日于维罗纳自寓

《七言·雨后》

午后又是雷雨天，雨过气凉草色鲜。
远山云树展叠翠，离岸竞舟争当先。
残年自应享闲时，余命只须随俗缘。
治肴把酒微微醉，问声半月几时圆？

2023 年 7 月 31 日于维罗纳自寓。

118

八月诗词

《江神子·一江碧水》

一江碧水到此弯，汀芦青，岸草环。
飞舟掠波，惊起群鲂鳏。
回首一望乡关远，千万里，几时还？

倚栏聊数云头燕，何处落，怎依攀？
拟托锦书，带梦到乡关。
莫教梦醒人肠断，满愁颜，满泪潸。

注：

鲂鳏～鲂鱼和鳏鱼。鲂鱼，鳊鱼的古称；鳏鱼，又叫鳡鱼。此指各种鱼。

2023 年 8 月 1 日于维罗纳阿拉根尼河畔

《清平乐·鼠、猫、狗》戏填

女儿家俩猫仨狗，竟发现老鼠，即除灭。

社君为患，啮啖且偷奸。惊得女儿失姿颜，唤我除此刁顽。
家有斑猫两头，再加三只小狗。
懒猫蒙头酣睡，慵狗不管闲事。

注：

社君～老鼠的别称。（此别称好！社会的"君子"）

2023 年 8 月 2 日于匹兹堡女儿家

《喜迁莺·接人》

今晨，众弟夫妇共七人从加州搭机来匹兹堡。

朝阳起，晨风和，同路轻车多。
去向空港接些个，千里来亲客。
灯领导，水蜜桃，相见众情豪。
此时情浓此时高，夜来试新醪。

注：

灯领导～LED 灯。（酒吧舞厅用的彩灯，LED 可做"领导"解）
水蜜桃～二弟家自种水蜜桃，带来给我。

2023 年 8 月 3 日于匹兹堡国际机场

《七言·借水临镜》

八十年华去匆匆，半世劳辛半世穷。

清江烟霞故国远，翠岭斜阳残月东。

欲罢闲愁无罢处，且寄云雁难寄终。

却把苍鬓临水镜，循俗冥愚一衰翁。

2023 年 8 月 4 日于维罗纳阿拉根尼河畔

《今天没有诗，只有悲伤！》

痛惜 106 岁的忘年生死之交农医师离世。

农医师，名健民。广西苹果人。

少时就读法国人办的"南宁医学院"，毕业适逢抗战爆发。旋投笔从戎，与同学曾某自南宁步行经广西、湘西、鄂东、穿越皖省到皖、苏、鲁交界找到李宗仁率领之广西军，投军抗战。被李宗仁任少校军医，救人无数。

此举在国共易手后，反成所谓"历史问题"一直被压制在柳州附近某大队任"赤脚医生"，至文革后稍有宽松，即自行开诊所行医。

农医师医术高超，除本学西医外，在长期行医过程中，对中医、壮医、苗医、瑶医都有深刻研究，其治疗疾病采众医道之长，因病置宜，手到病除。百岁之后仍常为人治病。

上世纪七十年代末，家父被诊断为胃癌晚期，已经无法手术。把家父症状报告农医师后，农医师对症下各种草药，服用经年，家父胃中肿瘤竟至死亡、缩小、钙化，完全康复。家父至 1997 年因其他原因亡故。

　　我曾把家父服用农医师配置草药后至胃癌晚期转至痊愈的情况向农医师报告，感觉这是一个可获诺奖的事迹。但农医师非常认真地回复，一，仅此一例，不可轻易结论；二，只是按照中医对症下药的原则治疗出现的症状，不能就说对杀死癌症直接有效；三，没有实验数据支持，因此只待今后继续努力。如此严谨，如此谦卑，值得学一辈子的。

　　疫情前的 2018 年他 101 岁，我特去柳州看望，那时他早晨出外步行，身体甚健、精神矍铄。

　　至去年闻他起床时不慎跌倒，至左股骨骨折卧床，但今日接柳州子女信息，近因感冒转化为呼吸系统感染，终因呼吸衰竭而离世。

　　离世时间：2023 年 7 月 25 日下午 4 点 25 分。

　　在谈到他医道时，他自己总结三条：

　　一，活得够长，得以行医近八十年，这是许多医生都活不到的时间段；

　　二，病人多，病例多，便于总结和积累经验；

　　三，在施诊上灵活度大，可以西、中、壮、苗、瑶等各种医道灵活运用。

　　这位 106 岁还在诊治病人的神仙医者说的话，是不是很值得借鉴和研究。

　　至少他在应用医疗器械方面，至多就是听诊器和血压计，除此之外全靠经验。

　　农医师是我的良师益友，是我崇敬的长辈，是我学习和追随的榜样！

　　农医师，我们天堂再相会！

2023 年 8 月 5 日于维罗纳自寓

《今天依然没有诗词，只有崇敬》

一位华人眼科医生～王明旭。他的事迹，写成一本书，根据这本书，好莱坞拍成了一部电影，电影的名字叫"SIGHT"，中文称为"与眼共舞"。

书和电影故事，都是讲述了王明旭医生，怎样从一个懵懂少年，到励志成年，到在眼科医学上的技术创新和治病救人的成就。

昨天下午，我有幸观赏了"SIGHT"这部电影，今天更有幸与王明旭医生共进晚餐，可以零距离的交谈。王医生这两天在匹兹堡作为放映"SIGHT"多场电影的嘉宾，今天的晚宴是为王医生送行的践行晚餐。

告别时我对王医生说了三句话：

一，我对你非常敬佩；

二，我相信我们华人可以做出任何优异成绩；

三，科学技术的发展一定要运用在对人类造福的方面，不可以运用在危害人类的方面。

比如核能，人类先用在做称原子弹杀人。而王医生用"羊膜"替代人类眼结膜治疗眼部疾病，是科学技术运用在对人类生存有用的基础之上，这样的研究才会永存。当然，我也祝贺王明旭医生在将来的医学生涯中"百尺竿头更进一步"！

以此记录与王医生的相识。

2023 年 8 月 6 日于匹兹堡"老四川饭店"

《五言·秋虫》

今日立秋，后院蔬圃中，见一萤火虫。

月暗萤火明，气凉多西风。
飘忽弱身轻，绕藤飞向东。
时节催人老，去日知身躬。
离人如落叶，更度秋立中。

2023 年 8 月 8 日于维罗纳自寓

《打油诗·至海风诗社诸友》

蒙海风诗社各位诗友垂爱，诸多诗、文、语等祝贺老朽生日及鼓励出版拙作，并做成电子专辑，此老朽无上荣光也。

前有八十年，后有多少天？
懵里懵懂过，只够沽酒钱。
喜浴海风里，乐在诗友间。
拼着老贱命，再写多几篇。

2023 年 8 月 9 日于维罗纳自寓

《打油诗 • 煮茶叶蛋》

明日赴朋友家宴，朋友小儿愿吃吾制"茶叶蛋"，急去超市买回现制。令蛋入味，靠长温热浸泡，非一直旺火煮熟。茶叶当于最后起锅前投入，如此泡开的茶叶最香。早投茶叶定会因煮至太久而失去茶叶香味…。

花椒八角十三香，清酱蚝油葱蒜姜。
轻熟鸡蛋敲碎壳，小火回炉慢熬汤。
莫急投放绿茶叶，起锅再加味更芳。
好吃非仅靠火功，温热浸泡是秘方。

2023 年 8 月 10 日于维罗纳自寓

《七言 • 赴好友家宴》

好友家宴设厅堂，敞院林树遮斜阳。
静闻秋声隐隐起，坐看贤主团团忙。
大师嘉客令人敬，平常仪态亦焕彰。
莫道鸿儒聚白丁，美馔佳肴伴茶香。

注：

焕彰～昭明显著。

2023 年 8 月 11 日于 Fox Chapel 镇

《七言·午夜雷雨》

夜，江边行，雷雨至，急入酒肆再饮，听客飙喉。（酒肆有卡啦OK）

江水向晚色深深，伏雨山树淋淴淴。
激起乱波刻顷碎，惊得野禽潜爵愔。
出无去处再买醉，恰有谬得重搜吟。
惊雷伴得笙鼓响，一声高喉传伉音。

注：

谬得～侥幸得到。
搜吟～搜寻诗句，或指诗句。
伉音～高亢的声音。

2023 年 8 月 12 日凌晨于 HULA Bar（呼啦酒吧）

《一剪梅·秋情》

为因俗冗少江行，辜负秋情，愧负秋情。
山树青色已欠赢，一时秋情，三时秋情。

鹅嫩黄花肆意呈，纪序秋情，花序秋情。
荻丛依稀露穗英，舒展秋情，延展秋情。

2023 年 8 月 12 日于维罗纳阿拉根尼河畔

《唐多令·又是入夜雷电暴雨》

无月江夜暗，风动山树乱。
秋声叹，伏气阑珊。
几片落叶预览观，缤纷山色烂漫。

滚滚霆雷悍，闪闪光电灿。
愁云黯，暴雨如沴。
九天应元有天尊，六月廿四华诞。

注：

沴～大水流得很急。
九天应元～道教中负责天象的最高天尊。
六月廿四～上述天尊之农历生日。（匹兹堡正从农历六月廿四开始连日雷电暴雨）

2023 年 8 月 12 日于维罗纳自寓

《四言诗·八·一三》

一九三七年八月十三日，日寇悍然发动入侵上海的淞沪战争，在吴淞口宝山线一带登陆。

国军郭汝瑰奉命率部镇守月浦，月浦在日寇船舰大炮射程内，遭猛烈轰击，守军几乎全军覆没。时郭留信于军长霍揆彰言，勿派援军，派来也死。吾死，数年后国必胜！届时军长驾舰经吴淞口有大浪拍舰，必吾之魂也！

任何一个民族英雄都不应该忘记！

嘒彼小星，肃肃宵征。

捐躯国难，视死如归。

虽无铅刀，唯奋薄身。

骋哉日月，钟鼎所鸣。

注：

说明～这首诗八句四组都是集古人诗句化而用之。

嘒彼小星，肃肃宵征～出自《诗经·召南·小星》。

捐躯国难，视死如归～出自三国曹植《白马篇》。

虽无铅刀，唯奋薄身～出自三国王粲《从军诗》。

骋哉日月，钟鼎所鸣～出自三国陈琳《诗》。

2023 年 8 月 13 日于维罗纳自寓

《菩萨蛮·读史思今》

历史上的今天：

1900 年 8 月 14 日，英国、法国、德国、俄国、美国、日本、意大利和奥匈帝国组成的八国联军攻陷清朝首都北京。清廷先利用"义和团"与十一国宣战，败而丧权辱国，又镇压"义和团"泄愤，前踞而后恭。里外里都是老百姓倒霉！

1915 年 8 月 14 日，杨度、严复、孙毓筠、胡瑛、李燮和、刘师培等组成"筹安会"，公开鼓吹帝制，劝进袁世凯称帝，开历史倒车。

一百二十三年前，八国联剿义和拳。

君王狼狈迁，满清几乎颠。

转瞬十五载，劝进袁世凯。

不典共和制，狂悖又拙蚩。

注:

不典～不遵守定下的规矩。

拙蛮～笨拙愚昧。

2023 年 8 月 14 日于维罗纳自寓

《青玉案 · 感秋》

西风吹乱岸边树,密雨湿透未了处。
满身世尘涤洗去。
七情如水,思情如故,何处是归路。

此生多被庸虚误,尔来蹉跎忍回顾。
不如长醉莫彻悟。
百年旧事,一江流水,又是秋阳暮。

注:

世尘～尘世、人间。

七情～人的七种感情或情绪。说法不一,如《礼记 · 礼运》以喜、怒、哀、惧、爱、恶、欲为七情;《普济方》以喜、怒、忧、思、悲、恐、惊为七情。

庸虚～学识浅陋、才能低下。

2023 年 8 月 15 日于维罗纳阿拉根尼河畔

《五言·醉暮》

心随流水去，身与白云飞。
綿綿丛山远，一醉梦里归。

2023 年 8 月 15 日于维罗纳阿拉根尼河畔

《唐多令·秋江寄愁》

野岸蓼草红，清江烟气空。
丝雨濛，秋山葱茏。
谁道闲愁无眝处，水里两皱眉峰。

心事总眷忡，随水流向东。
思虑人、最怕秋浓。
翘首待信归去难，早已是、老大翁。

注：

眝～远望。"眝美目其何望！"
眷忡～思慕忧伤。
待信～诚信相待和等待音信。
老大～贺知章有诗："少小离家老大回，乡音无改鬓毛衰。儿童相见不相识，笑问客从何处来？"

2023 年 8 月 16 日于维罗纳阿拉根尼河畔

130

《七言·祝蓝月亮姑娘生日快乐》

赏读美诗千百首，
编撰女贤是俊秀。
夜空蓝天一明月，
遥祝佳日逢诞寿。

注：

蓝月姑娘～《蓝月亮诗刊》之主编，是凉山中一位当老师的姑娘。

2023 年 8 月 16 日于美国宾夕法尼亚州，大匹兹堡维罗纳自寓

《五言·秋虫鸣》

无月不见山，有风感动树。
起伏虫鸣和，古今声色赋。
闻之秋心结，思启醉迷鹜。
万里愿共听，谁与相依诉。

注：

古今声色赋～古《秋声赋》，北宋欧阳修作。文以各种描摹秋声，将秋声化为具体形象，引发出对人生、自然的感慨。语言夸张，声势宏大，音节优美，写景、抒情和议论巧妙结合，是历来被人传诵的名篇。

今《秋色赋》，散文集，峻青作，1963 年出版。秋天是丰收的季节，胶东半岛上到处是金黄的谷子、火红的高粱；果林像绿色的海洋，串串葡萄缀成一个琥珀和珍珠的世界，一派欣欣向荣的欢腾

景象。作品抓住一个"秋"字，层层展开，着力铺叙，以欧阳修《秋声赋》中的悲秋情思反衬今日农村的秋色之美。

迷鹜～又作"迷瞀"，迷乱。

2023 年 8 月 17 日凌晨于维罗纳自寓

《七言·失眠》

无由事头独不眠，乃心因何转凄然。
恰来西风带夜雨，遥去万里是关山。
若教生无离别恨，争如死绥醉红颜。
料得黎明难再睡，白髮明朝又一髻。

注：

死绥～效死、死于。
髻～脱落。

2023 年 8 月 17 日于维罗纳自寓

《菩萨蛮·秋日江边》

半晴半雨清江边，原来湿林雨鸠唤。
小停鹤颈长，西风秋草黄。

青山为何在，心意莫浪猜。
唯我仅识之，匹夫一愚知。

注：

小停～暂时停留。

雨鸠～鸟名，即斑鸠。谓斑鸠呼啼能降雨，故名。

2023 年 8 月 18 日于维罗纳阿拉根尼河畔

《七言·凌晨接机》

西风秋凉月蒙胧，
夜静更阑中衢通。
归客喧沸空港闹，
只喜莺友再相逢。

注:

中衢～主要道路。
空港～机场。
莺友～《诗·小雅·伐木》有"伐木丁丁，鸟鸣嘤嘤……嘤其鸣矣，求其友声"之句，遂以"莺友"比喻意气相投之友。

2023 年 8 月 19 日凌晨于匹兹堡机场回程道上

《一剪梅·苔岑邀归》

寂寞清樽唱一阕，万里乡洲，三山五岳。
易逢秋意叹为别，人生有情，不关风月。

苍颜凉酒肠寸结，莫说归期，归期难决。
云谊岂可违期契，一腔热血，苔岑意切。

注：

苔岑～同长在山崖上的薜苔。出处，晋郭璞《赠温峤》诗："人亦有言，松竹有林。及余(尔)臭味，异苔同岑。"后以"苔岑"为志同道合的朋友。（苔：隐花植物，根、茎、叶区别不明显，阴湿的地方生长，如青苔、苔藓等；岑：小而高的山或崖岸。）

为别～分别、相别。

云谊～高厚纯洁的情谊。

期契～约期，誓约。

2023 年 8 月 19 日于维罗纳自寓

《五言·出伏》

今日出伏。

出伏凉气生，皆因一雨成。
初月入轩窗，秋山更绿峥。

注：

一雨～一场雨。佛教教法：之"一味之法"，众生随机缘而有差别，如草木、季候之于雨。

2023 年 8 月 20 日于维罗纳自寓

《五言·浏览"维京"展》

匹兹堡科学馆内举办"北海的维京战士"（VIKINGS Warriors

of the north sea）相关文物图片展览。展现现代所谓斯堪的纳维亚人的来源和部分文化。1986 年曾亲临参观斯德哥尔摩皇家博物馆，反映维京文化大而全。其不拘反映历史"海盗"行径，有自省能力，实可赞也。

比起明明沦为蒙古之亡国奴而自诩历史大国，且把最大规模杀戮贼头成吉思汗认作民族英雄者，强多矣！

> 毡帆兜恶风，冰海扬惊波。
> 进伐铸铁剑，出战披缁裰。
> 占卜卢尼文，造船维京柯。
> 同化日耳曼，差参有几何？

注：

维京人～（古诺斯语：víkingr）是诺斯人（意即"北方人"，现在则称为斯堪的纳维亚人）在北欧区域的一支，主要由探险家、狂战士、商人、水手、海盗、巫师和工匠组成一类族群集合体。来源于现代的挪威中部和南部、丹麦全境以及瑞典中部和南部，北欧未形成"国家"之前，以一松散部落联盟形式存在，并非统一国家或民族。

毡帆～船帆用动物毛织成，禁得起强风恶浪。

缁裰～黑色长袍。（维京人造船术、建筑学、重型进攻武器、针织花纹造诣处于欧洲的顶尖地位，带动欧洲在这些技术上发展。

占卜卢尼文～维京人有传统的北欧神话体系占卜用的特有文字体系"卢恩符文"。

同化日耳曼～其防御型武器、狩猎、礼服体系、社交文化、饮酒习俗、文学和奢侈工艺品与欧洲相比较原始野蛮，反而受到欧洲基督教-日耳曼文明的同化。维京人在接受基督教后，逐渐被欧洲人同化，但未完全消失。北欧的维京人三国（丹麦、瑞典、挪威）至今仍然保有大量有别于其它基督教欧洲国家的独特文化遗产。

2023 年 8 月 21 日于匹兹堡科学展览馆

《人月圆·牛郎织女事》

自古不谴责以王母为代表之天庭统治者的专横、残酷、无情…。既允两人相会，何只给一夜，且迢迢河汉却不给桥？与其歌颂牛郎织女爱情，何不谴责天庭之邪恶？不谴责邪恶权势的传统要改一改！

悲喜千古痴情梦，银汉何迢迢。
鹊来搭桥，云来弄巧，我来鹜嚣。

王母假善，既允凤诏，却实阻挠。
权势虚伪，满是谎调，天上老妖。

注：

牛郎织女事～萌于《诗经·小雅·大东》有织女、牵牛星宿记载，无故事。

班固《两都赋》："临乎昆明之池，左牵牛而右织女，似云汉之无涯。"言汉宫昆明池边有牵牛、织女两座石像。

最早将牛郎、织女配为夫妇之文字为三国曹魏的《文选洛神赋》。

《淮南子》："乌鹊填河成桥，渡织女。"

东汉崔寔《四民月令》明确牛郎和织女身份："七月七，河鼓（即牛郎）、织女二星神当会。"

完整描述牛郎织女爱情故事，东汉文人五言诗《迢迢牵牛星》：
迢迢牵牛星，皎皎河汉女。
纤纤擢素手，札札弄机杼。
终日不成章，泣涕零如雨。
河汉清且浅，相去复几许？
盈盈一水间，脉脉不得语。

此牵牛、织女已拟人化，分隔银河故事情节也被提到，可作牛郎织女故事完整版本。

魏晋南北朝志怪小说高速发展，牛郎织女的故事也得到了极大充盈。

骜骜～桀骜不驯。

凤诏～诏书。

2023 年 8 月 22 日（是日为农历七月初七传统"乞巧日"也）

于维罗纳自寓

《七言·秋江暮》

千里澄江万里天，
亿片闪鳞百条船。
秋山依然青翠滴，
夕阳斜照五色烟。

注：

闪鳞～夕阳照水面如鳞之闪耀。
五色烟～彩色晚霞。

2023 年 8 月 23 日于维罗纳阿拉根尼河畔

《七言·恒大歌舞团》

闻最大之"房地产"企业"恒大"养一二百美少女之"歌舞团"，专事以色贿赂权势……。

恒大圈养歌舞团，二百娉婷作凤鸾。
烂尾诈骗狗丙客，络脑买俵猪仔官。
泡沫强充鸡的屁，豆渣虚诓华表桓。
竟此大贼逍遥乐，世道这样吾心寒。

注：

娉婷～女子容貌姿态娇好的样子：娉婷扬袖舞，阿那曲身轻。
也指美女：赤节引娉婷。出处：《乐府诗集》卷四十四《清商曲辞·子
夜四时歌七十五首》，本诗为《春歌二十首》。

凤鸾～鸾交凤友，比喻男女情谊。也作夫妻解。

烂尾～烂尾楼。指没有建好，因故不能再建成的楼宇。

狗丙～二狗。二，广东人骂人"丙"有傻子的含义。

买俵～金钱代替派征的实物。或金钱、实物相互派征。

猪仔～军阀时代对被收买、利用的国会议员的鄙称。引申到被
资本收买的官员。

鸡的屁～国内生产总值（GDP）。

豆渣～俗称偷工减料的工程为"豆腐渣工程"。首创似为当年
朱熔基总理在批评偷工减料被冲垮的某水坝时引用。

华表～古代宫殿、陵墓等大建筑物前面做装饰用的巨大石柱，
柱身多雕刻龙凤等图案，上部横插着雕花的石板。

桓～柱。

2023 年 8 月 24 日于维罗纳自寓

《七言·秋来无题》

朝沾尘露晚披霞，东风西流自云涯。
闲时喘汗理园圃，倦来迷眼享清茶。

夏暑常避树底荫，秋爽更扫丛下花。

凭谁又作廉颇问，能饭即获天许嘉。

注：

廉颇问～辛弃疾《永遇乐·京口北固亭怀古》："千古江山，英雄无觅孙仲谋处。舞榭歌台，风流总被雨打风吹去。斜阳草树，寻常巷陌，人道寄奴曾住。想当年，金戈铁马，气吞万里如虎。元嘉草草，封狼居胥，赢得仓皇北顾。四十三年，望中犹记，烽火扬州路。可堪回首，佛狸祠下，一片神鸦社鼓。凭谁问：廉颇老矣，尚能饭否？"

2023 年 8 月 25 日于维罗纳自寓

《水仙子·秋夜思》

一声虫鸣一度秋，一片丹叶一怀愁。

三更风雨五更后。

乱花落，谁来收，潇湘妃子知去留。

人生百年事，喜喜复忧忧，都付东流。

注：

潇湘妃子～红楼梦里林黛玉因所居"潇湘馆"，故在大观园诗社中以"潇湘妃子"作昵称。林黛玉著有"葬花吟"诗。

2023 年 8 月 26 日于维罗纳自寓

附：葬花吟

花谢花飞花满天，红消香断有谁怜？
游丝软系飘春榭，落絮轻沾扑绣帘。
闺中女儿惜春暮，愁绪满怀无释处。
手把花锄出绣帘，忍踏落花来复去。
柳丝榆荚自芳菲，不管桃飘与李飞；
桃李明年能再发，明年闺中知有谁？
三月香巢已垒成，梁间燕子太无情！
明年花发虽可啄，却不道人去梁空巢也倾。
一年三百六十日，风刀霜剑严相逼；
明媚鲜妍能几时，一朝漂泊难寻觅。
花开易见落难寻，阶前愁杀葬花人，
独倚花锄泪暗洒，洒上空枝见血痕。
杜鹃无语正黄昏，荷锄归去掩重门；
青灯照壁人初睡，冷雨敲窗被未温。
怪奴底事倍伤神？半为怜春半恼春。
怜春忽至恼忽去，至又无言去未闻。
昨宵庭外悲歌发，知是花魂与鸟魂？
花魂鸟魂总难留，鸟自无言花自羞；
愿侬此日生双翼，随花飞到天尽头。
天尽头，何处有香丘？
未若锦囊收艳骨，一抔净土掩风流。
质本洁来还洁去，强于污淖陷渠沟。
尔今死去侬收葬，未卜侬身何日丧？
侬今葬花人笑痴，他年葬侬知是谁？
试看春残花渐落，便是红颜老死时；
一朝春尽红颜老，花落人亡两不知！

《新荷叶·秋意》

时节有序，细听蚰鸣秋噫。
赤夏已去，初见林树叶稀。
南山太远，陶令菊、含苞东篱。
向暮凉气，享爽须添夹衣。

柿瓜落蒂，西风枯藤无依。
黍豆临期，摘来烹簋乡味。
酒过心迷，只作得、醺诗醉句。
平仄韵体，难谱欢悲合离。

注：

秋噫～秋声。

陶令菊～篱下的菊花。语本晋陶潜《饮酒》诗之五："采菊东篱下，悠然见南山。"

临期～临到（采摘）其时。

乡味～家乡特有的味道。

2023 年 8 月 27 日于维罗纳自寓

《苏幕遮·音乐会》

八月二十六日晚，七十八岁高龄美国歌手 Rod Stewart 在匹兹堡举办演唱会。上世纪八十年代就开始在银屏欣赏他的演唱，可以说是听着他的歌变老。

这是首次亲临演唱现场观赏。谁知 Rod Stewart 现如此高龄，经一个半小时的亦歌亦舞的演唱，尽然精力十足，绝无疲态，出乎意料。且乐队和配歌配舞演员实力强大，与 Rod Stewart 配合天衣无缝。

　　有一万九千座位的匹兹堡冰球馆座无虚席，加上场地平面临时设置逾千特别嘉宾坐席，共约超过两万人观赏此次演唱会。

　　金秀髮，鳞片衣，无袖短裙，娉婷显腰细。
　　簇拥老汉配密契，舞也凤飞，歌也似莺啼。

　　耄耋年，卓绝艺，琴瑟号鼓，和弦声绮丽。
　　最是铜号相踵继，婉转一曲，催我热泪滴。

2023 年 8 月 27 日于维罗纳自寓

《七言·评诗》

今日对第五届"匹兹堡华文诗词比赛"参赛作品进行评判。

　　平仄声韵细品嚼，抒情感慨探明昭。
　　百篇佳作呈诗才，五个儒生苦脑烧。

2023 年 8 月 28 日于评委组某成员家

《青玉案·秋念》

　　新秋晚天依然长，西江水、入穹苍。
　　远山昏鸦渡斜阳。
　　抑扬婉委，音清词伤，何处人低唱。

记得当年夤缘上，别时挥泪湿衣裳。

若问离愁有几许？

一江春水，桃花潭深，三千尺何长？

注：

夤缘～联络、绵延。

一江春水～李煜词："问君能有几多愁，恰似一江春水向东流。"

桃花潭深～李白诗："桃花潭水深千尺，不及汪伦送我情。"

三千尺～李白诗："飞流直下三千尺，疑是银河落九天。"

2023 年 8 月 28 日于维罗纳自寓

《风入松·评诗》

昨"匹兹堡华文诗词比赛"一众评委，聚王姓评委家评判第五届"匹兹堡华文诗词比赛"参赛作品。

书生红袖聚兴酣，是为选诗单。

窗外胜景如仙艳，黄叶翻、秋气冉冉。

贤主优柔修雅，惬情允意盍簪。

此村山青水也蓝，雁过听吟喃。

济济文丽读书才，吐珠玑、诗赞词叹！

莫道良莠评难，忝幸却因睹先。

注：

盍簪～《易·豫》："勿疑，朋盍簪。"王弼注："盍，合也；簪，疾也。"陆德明释文："簪，虞作戠。戠，丛合也。"孔颖达疏："群朋合聚而疾来也。"后指士人聚会。

忝幸～受之有愧的幸遇。

2023 年 8 月 29 日于维罗纳自寓

《七言·七月十五上元节》

七月十五地门开，三魂七魄齐绥徕。
道称中元敬孝亲，佛作盂兰放灯台。
世上无冤不吃鸭，人间饱暖免凶灾。
无冤无恨天堂度，死后何必装兰陔。

注:

中元节～民间：阎罗王於每年农历七月初一，打开鬼门关，放出一批无人奉祀的孤魂野鬼到阳间来享受人们 的供祭。七月的最後一天，重关鬼门之前，这批孤魂野鬼又得返回阴间。所以七月又称鬼月。

道教：根据五杂俎的记载"道经以正月十五日为上元，七月十五日为中元，十月十五日为下元。"修行记说"七月中元日，地官降下，定人间善恶，道士於是夜诵经，饿节囚徒亦得解脱。

佛教：也在这一天举行超渡法会，称为"屋兰玛纳"（印度话 ULLAMBANA）也就是"盂兰会"。盂兰盆的意义是倒悬，人生的痛苦有如倒挂在树头上的蝙蝠，悬挂着、苦不堪言。为了使众生免於倒悬之苦，便需要诵经，布施食物给孤魂野鬼。此举正好和中国的鬼月祭拜不谋而合，因而中元节和盂兰会便同时流传下来。

绥徕～安抚招致。

放灯台～中元节有放水灯的活动。所谓水灯，就是一块小木板上扎一盏灯，大多数都用彩纸做成荷花状，叫做"水旱灯"。按传统的说法，水灯是为了给那些冤死鬼引路的。灯灭了，水灯也就完成了把冤魂引过奈何桥的任务。

吃鸭～中元节习俗吃鸭。缘以"鸭"字谐音"压","压住"孤魂野鬼,不叫祸害活人世界。

饱暖～传说中元节孤魂野鬼从阴曹地府出来,人们除以食物祭奠,还需烧衣物到阴曹地府,引冻死鬼回阴曹地府,勿在到活人世界为祸。

兰陔～《诗经·小雅·南陔序》:"《南陔》,孝子相戒以养也……有其义而亡其辞。"晋束皙承此旨而作《补亡》诗:"循彼南陔,言采其兰;眷恋庭闱,心不遑安。"后以"兰陔"为孝养父母之典。

2023 年 8 月 30 日于维罗纳自寓

《渔家傲·再议中元节》

笙歌声中月又圆。幽幽蓝光照义阡。
鬼元阎王不升殿。
奈河前,孤魂野鬼出重渊。

休教佛道作盂兰。因果关系在世间。
真理邪恶莫弄颠。
金石坚,尚贤善解民倒悬!

注:

义阡～义冢。埋葬无主尸体的墓地。

鬼元～中元(七月)。七月半原本是民间的祭祖节,而非"鬼节",七月半文化核心是敬祖尽孝,一般不会将祭祀祖先的节日称为"鬼节"。"鬼节"是从道教中元普渡开鬼门关的思想演变而来。

阎王～阎罗王,起源自印度教神祇阎魔罗闍,是地狱的君主,随着佛教传入中国，华人尊称其为阎魔罗阇大王，简称阎罗王、阎王、阎君。罗阇即"王者"或"大王"之意。

奈河～（或成奈何）佛家所说地狱的河名。人死后入地狱须经奈河桥（奈何桥）。

重渊～《庄子·列御寇》："千金之珠，必在九重之渊。"后以"重渊"为深渊，引申为极深极低处。此指地狱"枉死城"。

盂兰～源自佛门孝经之一《佛说盂兰盆经》，经中记载佛弟子目犍连报恩救母的典故，佛教徒依教奉行，于是便有了盂兰盆节。时间是农历七月十五。

尚贤～选拔出来的贤能之人。（尚贤是"老子"提出的一个概念。《老子》第三章："不尚贤，使民不争。不贵难得之货，使民不为盗。不见可欲，使心不乱。是以圣人之治，虚其心，实其腹，弱其志，强其骨，常使民无知无欲，使夫智者不敢为也。为无为，则无不治。""老子"是主张"不尚贤"的，就是不要搞一些人为因素使人民相争……。但现在社会已经是"尚贤"了，退不回去了。所以只能指望这些"尚贤"们，好好为人民做点个好事！）

倒悬～人被倒挂着，比喻处境极端困难。

2023 年 8 月 30 日于维罗纳自寓

《七言·七月十六之月》

有道是："十六月亮分外圆"！

十六月亮分外圆，日尚未落挂东天。
闻说昨夜发蓝光，皆因世间尽魂冤。
阎罗都知借月华，人卒何不顾义反。
可怜环视非吾侪，与谁斟酌醉一番？

注:

蓝光～指北京时间 2023 年 8 月 31 日（美国东部时间 8 月 30 日）晚的满月。虽然这样的满月被广泛称为蓝月，但这个命名可能是一个错误。"蓝月"这个名称来原仍不清楚，但它已经存在很长时间。甚至可其追溯到 400 年前，意味着永远不会发生的事情。因此英语有短语"once in a Blue Moon"（千载难逢）。

人卒～人群。

吾侪～我辈。志同道合的群体。

2023 年 8 月 31 日于维罗纳自寓

九月诗词

《人月圆·陋室》

百年生死梦一场，又见秋草黄。

西江尘雾，芦汀花扬，旅燕搏浪。

陋室半间，俗书三千，自修静房。

闲来无事，杂诗一篇，旨酒一觞。

注：

旅燕～燕为候鸟，春来秋去，故称。

陋室～简陋居室。（古有散文《陋室铭》一般认唐代刘禹锡作，因《刘禹锡集》中未收此文，疑为托名之作。篇中抒发身居陋室而胸怀恬淡，言少意长，文字精美。

俗书～通俗读物。佛门指佛教经典以外书籍，如《老子》《庄子》等。

旨酒～美酒。

觞～盛酒之器，引申为饮酒。

海老 KK

2023 年 9 月 1 日于维罗纳自寓

附《陋室铭》原文：

山不在高，有仙则名。水不在深，有龙则灵。斯是陋室，惟吾德馨。苔痕上阶绿，草色入帘青。谈笑有鸿儒，往来无白丁。可以调素琴，阅金经。无丝竹之乱耳，无案牍之劳形。南阳诸葛庐，西蜀子云亭。孔子云：何陋之有？

《浪淘沙·评诗词比赛参赛作品》

今夜爽秋风，雅集从容。
几个儒生聚网空。
品诗论词究穷工，一合而融。

传承何为崇，文字最重。
年数五千始未终。
离乡万里意不改，丹心与同。

注：

网空～利用网络在虚空中聚会。

穷工～"诗穷而后工"是宋代欧阳修提出的一种文学主张。语出自《梅圣俞诗集序》：

"盖世所传诗者，多出于古穷人之辞也。凡士之蕴其所有，而不得施于世者，多喜自放于山巅水涯，外见虫鱼草木、风云鸟兽之状类，往往探其奇怪；内有忧思感愤之郁积，其兴于怨刺，以道羁臣寡妇之所叹，而写人情之难言；盖愈穷则愈工。然则非诗之能穷人，殆穷者而后工也。"

2023 年 9 月 1 日于维罗纳自寓

评后感～为"第五届匹兹堡华文诗词比赛"参赛作品评奖

一个"文明"成立的标志是文字。

被我们认为的中华文明五千年，应该是一个约数。中华文明以文字产生的时间推算，目前的结论只有三千七百年。可见文字在一个"文明"中占据的是最重要的地位。

但中华文明中顶梁柱的文字应用，在这三千七百年的发展过程中，其光辉灿烂是有目共睹的。尤其是诗词歌赋从三千年前的《诗经》开始，经历《楚辞》《汉赋》《唐诗》《宋词》《元曲》到《现代诗》这样一个大致过程，在世界文字体系里，形成蔚为大观、傲视群雄的地位。

我们常常说传承和传播中华文化，文字的传承和传播从来就是主要方面。

中华文化的文字传承和传播恰恰是最不容易的一个方面。这与中国文字的特别结构有关。中华文化中的"方块字"单字、单音、单意，排列组合成单词、复词和句子乃之于文章诗词歌赋，过程复杂而结果多样。但这正是可以让文字的各种表现形式出现多姿多彩，精妙绝伦的风格。

精妙的东西才属于全人类！

我们一群在异国他乡的人群，把自己文化中最优美的文字形式，通过自身的重视和展现，来获取全人类的认可、赞赏和接受，这才能真正把我们的文化立于世界文化之林。

在世界文化之林，我们不追求特殊，我们只追求平等！

回到"第五届匹兹堡华文诗词比赛"对参赛作品的评定的工作。
我个人有如下几点看法：
1，作品的水平普遍提高；
2，尤其是青少年组别参赛作品的水平明显提高；
3，题材广泛，内容多方涉及；
4，古典诗词的数量不减且竞争激烈；
5，继续获得国内诗友的支持；
6，保持有非华裔诗友参赛支持；
7，参赛人和作品较往届减少。

鉴于以上几点，比赛组委和评委初步作了大致相同的总结。针对问题在自身研究如何做得更好的基础上，希望取得社会大众的建议和支持。

这个活动只有获得更多人的认可、帮助和支持，才会有更好的前景！

单字单音单意本，
四角方块书妍稳。
乖排巧组精妙绝，
乔列世林献谆恳。

注：

妍稳～美好妥帖。谆恳～诚恳。

2023 年 9 月 2 日

《七言·二首》

其一：一江愁

山光水清倒影浮，鹰翔蓝蔚燕去楼。
西风奈何吹落叶，一江秋水一江愁。

其二：女偶

佳丽薄暮倚翠楼，遥望清江映倒浮。
为何长凝身不动，婷婷原来一女偶。

注：

女偶～塑料制作的女子模特。（沿江一户，阳台长期置一女装模特，对江遥望。）

2023 年 9 月 3 日于维罗纳阿拉根尼河畔

《唐多令·摘葡萄》

三年前女儿在小院篱下植一株葡萄，今年居然收获颇丰。尽数摘下竟有数十磅重，一时无法全食，决定试酿成酒。

岗舍风露凉，小院已晚霁。
枝缠绕，串珠垂密。
铁剪慎铰莫坠地，轻手依放筐里。

三年一株苗，而今藤满篱。
叶秋色、紫果醉苾。
丰收未能都食去，明儿酿成甜醳。

注：

醉苾～苾，芳香。“椒兰芬苾，所以养鼻也。”（葡萄熟透自行发酵产生酒香味）。

甜醳～醳，酒、醇酒。“觞醳泛波”，“百里之内，牛酒日至，以饗士大夫，醳兵。”甜醳，指葡萄酒。

2023 年 9 月 4 日于匹兹堡女儿家

《珠帘卷·拣挑葡萄》

摘下七十磅葡萄，今日拣挑，费时六小时。

仔细拣，专心挑。
一堆丹紫葡萄。
莫将白翳除掉，那是酿酒酵。

器皿勿沾油迹，反复宕涤洗淘。

年迈力衰暂息，需捏碎，待明朝。

《鹊桥仙·无题》

见"海风诗社"群诸师议论诗词体例有感。

月亏月盈，风东风西，夏雨过后秋霁。

天象幻化本无常，又谁能、定其奥秘。

有平有仄，入韵入意，律体打油凡俚。

今古切音太难一，又哪个，圆满雌霓。

注：

律体～诗词的体例。

打油～打油诗。旧体诗的一种。内容和词句通俗诙谐、不拘于平仄韵律。相传为唐代张打油所创。他那首《雪诗》曰："天地一笼统，地上黑窟窿。黑狗身上白，白狗身上肿。"

凡俚～庸俗。指凡俗流行的俚语、顺口溜。

切音～汉语注音的一种传统方法。唐以前韵书皆称反，唐元度撰《九经字样》时，因藩镇不靖，讳反而言切，宋人遂沿称切。合称反切。即用两字拼切给另一字注音。

雌霓～宋代王楙《野客丛书·雌霓》："沈约制《郊居赋》，其间曰:'驾雌霓之连蜷，泛大江之悠永。'出示王筠。筠读雌霓为雌鹝。约喜谓曰:'霓字惟恐人读作平声。'司马温公谓非霓字不可读为平声也，盖约赋协侧声故尔。"后以"雌霓"为创作时精研声律之典。

2023 年 9 月 6 日于匹兹堡雪尔镇女儿家

《柳梢青·自制拐杖》

下周飞加州，脚伤尚未痊愈，故自制拐杖一枚，助行。

砍下树头，篝池边垒，干死叶垂。
丫枝三尺，微弯取直，虎口适围。

选取此木或榷，坚而轻、宜制杖枚。
却笑八十，再学吹打，居然充类。

注：

篝池～篝火池。

榷～古书上说的一种树，可做手杖。

再学吹打～俗语："八十岁学吹打"，言学之晚矣。

充类～差不多，相似。

2023 年 9 月 7 日于维罗纳自寓

《五言·题自制手杖》

自制手杖，取苏东坡《定风波》词意。

借樹三尺枝，
學他竹馬駛。
吟嘯且徐行，
煙雨任平生。

2023 年 9 月 8 日于维罗纳自寓

154

苏东坡的《定风波》原词：

莫听穿林打叶声，何妨吟啸且徐行。
竹杖芒鞋轻胜马，谁怕？一蓑烟雨任平生。
料峭春风吹酒醒，微冷，山头斜照却相迎。
回首向来萧瑟处，归去，也无风雨也无晴。

《七言·和一源》

足伤难愈脑刁骚，
五日西去欲归槽。
借枝三尺助行杖，
临年难得聚同袍。

注：

刁骚～头髮稀落。
归槽～回家。
临年～老年。
同袍～泛指朋友、同年、同僚、同学等。

2023 年 9 月 8 日于维罗纳自寓

一源原诗：
七律 护驾—祝海老大师兄神来一杖

人求柳叶剪离骚，
师觅中杆谢卧槽。
三尺仙翁如意仗，
千钧一棒护龙袍。

2023.09.08

《五言·白露》

白露仲秋始，
天凉易负兹。
季鸟知养羞，
万灵知不知？

注：

仲秋～秋天的第二个月，农历八月。其余"孟秋"，秋天第一个月，农历七月；"季秋"，秋天第三个月，农历九月。白露是仲秋的开始。

负兹～（诸侯）病了。

季鸟～候鸟。比如鸿、雁、玄、燕等。

养羞～储藏食物。《逸周书·时训》："白露之日鸿雁来，又五日玄鸟归，又五日群鸟养羞。"朱右曾校释："养羞者，蓄食以备冬，如藏珍羞。"《礼记．月令》："（仲秋之月）群鸟养羞。"郑玄**注**："《夏小正》曰：'九月丹鸟羞白鸟。'说曰：'……养也者，不尽食也。'"南朝宋鲍照《蒜山被始兴王命作》诗："玄武藏木阴，丹鸟还养羞。"一说，取所藏之食物。清马瑞辰《毛诗传笺通释·周颂·酌》"遵养时晦"："《夏小正》所云'丹鸟羞白鸟'，'羞也者，进，不尽食也'，养羞则谓取其所藏之食也。"

万灵～人，万物之灵。

2023 年 9 月 9 日于维罗纳自寓

《文、诗》

今天到一个叫沙拉罗伊的小镇，偶尔了解到那里附近有一个面包厂，有 700 多员工，其中有 230 名华人同胞。

初步知道这 230 华人同胞，有 40%左右没有合法身份，许多人在这家面包已经干了十几年。

有一位同胞中过风，现在右半边身体显然行动不正常，由于没有合法身份，只好拿着微薄的工资，十几年如一日，依然在这里艰难生存。他从青年变成半残废的中年，也不知道什么时候了结。

接触到两位从台湾过来的同胞，一位中年、一位老年，也没有合法身份，也在这家面包厂。

他们都享受不到美国的任何福利，只寄望不要有任何病痛和任何其他犯难的事情，默默承受这无尽的无奈。

匹兹堡地区不像纽约、洛杉矶、三藩市这样的沿海城市存在大批非法移民。也不像美国南部各州，极容易从南美洲和墨西哥偷渡过来大批非法移民。大匹兹堡地区当然也有非法移民，但在一个工厂集中这么多华人同胞和不小比例的非法移民，确实少见。

我们暂时无能力追究存在这个现象的原因，也不必急着追究造成这个实际存在的责任。无论如何，应该先立即有效阻止非法移民的继续进入，同时加快人道主义地着手处理。

美国非法移民问题由来已久，从来没有一个比较好的解决办法。疫情后从南部"走线"过来的越来越多，又给美国社会增加了更多的负担和麻烦。有的州对此放任，但造成的负担却压在别的州身上，造成美国社会的分裂。

作为一个小民，无权无势，我们不知道应该怎么办。作为公民，只能用选票来考核民意代表和政府公职人员在处理非法移民这个问题上的态度、决心、办法和智慧！

独在异乡为异客，
肢残心衰身名失。
嗟怜同胞陷此囹，
且做慰喻献谱挚。

2023 年 9 月 10 日于维罗纳自寓

《五言·九一一》

今九一一恐怖袭击事件 22 周年。俄罗斯悍然发动侵乌克兰战争至今近 570 天。谴责一切恐怖主义和发动侵略战争的法西斯分子！

邪佞无胆施恐怖，
生灵何罪受蒙辜。
罪首起端燃战火，
上天必降两观诛。

注：

蒙辜～受罪。

两观诛～语本汉刘向《上灾异封事》："自古明圣，未有无诛而治者也，故舜有四放之罚，而孔子有两观之诛，然后圣化可得而行也。"后遂以"两观之诛"喻指为了国家安定而对乱臣贼子所施行的必要的杀戮。

2023 年 9 月 11 日于维罗纳自寓

《七言·秋风秋雨无题》

一生坎坷成朽翁，
幸有陋室遮雨风。
笔底波澜少人识，
我自得意我自衷。

2023 年 9 月 12 日于维罗纳自寓

《七言·不眠》

秋雨几度淋蔬棚，枯禾老枝已压横。
相思每从孤时起，怨句多由愁中生。
翻破旧书寻新书，听厌鸟声听虫声。
今且远往聚亲谊，料得五更到三更。

2023 年 9 月 13 日凌晨于维罗纳自寓

《七言·晨行》

黎明驱车去机场。

秋风带雨送早凉，东边蓝天放霞光。
环看山水如卷画，几粒晨星懒归藏。

2023 年 9 月 13 日于匹兹堡机场

《诉衷情·又飞加州》

因年老及脚伤未痊愈，入机场即获轮椅推送照顾。

晨暾驰驱满心踌，鸿飞又加州。
杖揖踟蹰入幕，因残老、获三酬。

身未动，影黝柔，妙龄妍。
轻推檀车，莺声燕语，一笑回眸。

注：

加州～美国
加利福尼亚州简称。（从宾夕法尼亚州的匹兹堡飞加州三藩市）
晨暾～朝阳。
鸿～指飞机。
三酬～古代指过分宠幸。
黝～黑色。
妍～读 fou，女子。
檀车～古代车子多用檀木为之，故称。常用今以指役车，兵车。
泛指一般车辆。这里指机场专用人力推的轮椅，接送因年老或残疾
行动不便的旅客。

2023 年 9 月 13 日于北卡罗莱纳夏洛特机场至加利福尼亚州三藩
市机场的美国航空公司 AA1580 航班飞行途中。

加州海钓五言五首

《五言·海钓》

抵加州次日与舍弟夫妇赴加州太平洋岸半月湾处海钓。据舍弟言，今日潮涨前后，为最有收获时段。

> 大洋波涌汹，
> 三品梭巡匆。
> 赶潮需适时，
> 获鱼思新丰。

注：

三品～海鸥的别名。

新丰～县名。汉高祖七年置，唐废。治所在今陕西省临潼县西北。本秦骊邑。汉高祖定都关中，其父太上皇居长安宫中，思乡心切，郁郁不乐。高祖乃依故乡丰邑街里房舍格局改筑骊邑，并迁来丰民，改称新丰。士女老幼各知其室、犬羊鸡鸭亦竟识其家。太上皇与故人饮酒高会。后用作新兴贵族游宴作乐及富贵后与故人聚饮叙旧之典。

另今江苏省丹徒县，产名酒。诗文中用以指美酒产地。

《五言·首获》

弟妹首获称为"石九公"的一条，尺量长度 11.5 英吋，属可获范围。（法规：十英吋以下，需放归），晚有美餐矣！

首获石九公，
即以规尺衡。
十吋可自获，
不足回原踪。

《五言·折杆》

弟妹鱼钩被礁石固住，强扯，鱼竿断。

浅岸礁石布，
铅锤错固住。
强扯鱼竿折，
逸兴仍不失。

《五言·浪思》

从海情连想到时局。

海天一线远，
水礁二色清。
滩沙承乱迹，
沧浪抹大平。

注：

乱迹～沙滩留下纷乱足迹喻世事动乱。

沧浪～青色波浪。

大平～时世安宁和平。

《五言·海豹》

群鸟巡觅鳞

海豹跃欲侵。

谁知黄雀后，

竟无佞巧衅？

注：

鳞～鱼。

佞巧～谄佞巧诈。

衅～争端。

2023 年 9 月 14 日于加州半月湾太平洋岸

《夏云峰·秋晨》

天初明。

清气凉、仲秋晨露耀晶。

木栅小院，老树几只残莺。

引来隼鹰，瞬霎间、鸦雀俱惊。

却兴起、蝉啼促织吟，百虫相鸣。

莫道春日多情，吾觉是、秋来凄爽神明。

秋声萧飒，也值一刻千盈。

无名惆怅，兀自侧耳听心倾。

总呢喃个卿，或谁更是卿卿。

注：

夏云峰～夏云峰，词牌名，北宋新声，属歇指调。以柳永《夏云峰·宴堂深》为正体。

残莺～秋日的黄莺叫声。（相对初春的"新莺"）

促织～蟋蟀。

卿～此处泛指所思念的人。

2023 年 9 月 15 日于加利福尼亚州圣荷西二弟家

《五言·婚礼》

侄女在加州一葡萄园举办婚礼。

琐琐葡萄园，

亲聚贺双鸳。

鸳才夸三俊，

鸯淑胜仙媛。

注：

琐琐葡萄～葡萄的一种。

双鸳～两只鸳鸯。指夫妻、情侣。

鸳～雄性。

三俊～古指具备刚、柔、正直三德的人。《书·立政》："严惟丕式，克用三宅三俊。"孔颖达疏："三俊即是《洪范》所言刚克、柔克、正直三德之俊也。"此是对新郎的夸赞。

莺～雌性。

仙媛～仙女。尤指皇家女子。此是对新娘的夸赞。

2023 年 9 月 16 日

于加利福尼亚州东湾 Nella Terra Cellars,Sunol

《凤蝶令·参加侄女婚礼》

昨参加侄女婚礼,我代表家族发言致祝贺。

喜贺新侣俦,宴殿灯火煚。

丹液倾在晶杯中。

映衬鸳鸯丽颜、一对红。

高朋承云集,轩昂携淑荣。

我自吉祝蒙天衷。

平安幸福快乐、全始终。

注:

侣俦～伴侣、夫妻。

煚～读 xiong,火光、明亮。

天衷～天赐。

2023 年 9 月 17 日于加利福尼亚圣荷西二弟家

《七言·五国院士之华人英杰》

高世舒展上驷才，
华胥梦成前人栽。
健仰莫教佞媚误，
俊杰终合登星台。

注：

高世～才干超群。
上驷～四驾马车的头马。
华胥～国名。（黄帝梦游华胥国，而天下大治。）比喻功成名就。
健仰～非常仰慕。
俊杰～豪杰。
星台～中枢机构。指最高荣誉。

2023 年 9 月 18 日于加利福尼亚州圣荷西二弟家

大意：
你才干超群，如四驾马车的头马。
现在功成名就，是在前人功业积累上创新。
受许多人仰慕，但要防止奸佞小人谄媚而耽误自己。
俊英豪杰一定会登上人类荣誉殿堂的高台。

《打油诗·红眼班机》

昨天半夜在三藩市机场搭"红眼班机"回匹兹堡，今上午回到匹兹堡，太累，回家倒头就睡。

班机称红眼，飞越美利坚。
整夜稍疲劳，回家倒头眠。

2023 年 9 月 20 日于维罗纳自寓

《七言·病了》

秋风秋雨觉意寒，行走乏力步蹒跚。
疑是疫疾侵肌体，且守蜗居发身汗。

2023 年 9 月 21 日于维罗纳自寓

《五言·病中》

气逆五内崩，呛咳刺心疼。
时疫排山来，体疫宁所乘。
何草曾不玄，何人岂不矜。
幸有天使助，病去如肃澄。

注:

何草不玄？何人不矜？～出之《诗经·小雅》。什么草不黑腐，什么人就是鳏夫？

天使～至爱亲朋。实指一位好朋友，亲自送来相关药品。

2023 年 9 月 22 日于维罗纳自寓

秋分诗词：
因小恙奉友嘱勿作诗好好休息，故以两首旧作应"秋分日"

《五言·秋雨即景》

秋浅随时雨
窗旧处处风
雨去花身湿
风来叶影空

《凤凰台上忆吹箫·秋吟》

每句均有"秋"字，共用 26 个"秋"字和"愁"字里的一个"秋"。

雁过秋湖，水咽秋声。
秋山秋草秋黄。
秋桂秋兰秋菊，傲秋霜，分外秋香。
又仲秋秋月，秋爽重阳。
秋风更著秋雨，舔秋思秋怨，秋入愁肠。
虽金秋十月，怎敌秋凉。
人生几度秋恨？秋恨处，泪洒秋江。
好个秋！唯见秋叶，堕满秋塘。

作于 2004 年 9 月
2023 年 9 月 23 日重抄于维罗纳自娱

《五言·座谈会》

今受邀参加阿拉根尼郡民主党唯一候选人 Sara（女）之座谈会。我发言有三：

1，我是共和党人。在联邦选举层面，我坚决捍卫美国通过《宪法》反映出的治国理念，这个理念经历 250 年左右，让美国强大！

2，地方层面的选举，更重视候选人的品质和能力，因为这个位置是人民的直接公仆。

3，不论通过什么党派竞争选出的公仆，一旦在位，就必须不分党派，为所有人公平服务。当然包括华人，华人不追求特殊，只追求公平。

顺便提出政府应该加强对郡内所有"中文学校"的扶植，因为疫情令大批学生流失。

联邦重理念，地方选英才。

理念承宪法，两百五十载。

优劣看实践，检验非空猜。

党派可竞争，大公登星台。

2023 年 9 月 24 日于匹兹堡老四川新店

《鹧鸪天·秋景》

叶落西江江水秋，野岸秋花接远丘。

信踏黄草悠闲步，静坐蓝椅眺行舟。

天沉沉，云稠稠。心逸自然得灵休。

西江岸柳年年曳，汀洲芦花棵棵虬。

注：

西江～指阿拉根尼河。

蓝椅～每次散步至江边，专坐之蓝色椅子。

虬～蜷曲纠结，指芦花的形状。

2023 年 9 月 25 日于维罗纳阿拉根尼河畔

《七言·晚渡》

雨后闲来入薄暮，水满清江飞白鹭。

两岸丛山皆秋色，半轮新月照晚渡。

2023 年 9 月 26 日于维罗纳阿拉根尼河畔

《蝶恋花·中秋慰君》

和雅芬词，同调，步韵。

一怀愁绪裹十袭，乱箭钻心，却把九伤溢。

原情何处寻比迹，流光原来是余泣。

凤凰台上凤凰忆，刈著亡簪，情柔况意蜜。

失茅天自授金戟，击水万里鲲鹏翼。

注：

十袭～把物品一层又一层地包裹起来，以示珍贵或密藏。此指把愁苦之心包裹起来。

九伤～无限哀伤。

170

原情…比迹～探寻原由，比照踪迹。

流光～闪烁流动的光，特指月光。

余泣～后人的哀伤。

凤凰台全句～借李清照的《凤凰台上忆吹箫》表达对最亲爱人的思念。

刘蓍亡簪～《韩诗外传》卷九："孔子出游少源之野。有妇人中泽而哭，其音甚哀。孔子怪之，使弟子问焉。曰：夫人何哭之哀？妇人曰：乡者刈蓍薪而亡吾蓍簪，吾是以哀也。弟子曰：刈蓍薪而亡蓍簪，有何悲焉？妇人曰：非伤亡簪也，吾所以悲者，盖不忘故也。"后因以"亡簪"为怀念故旧的典故。

失茅…金戟～失之东隅，得之桑榆。

2023 年 9 月 27 日于外孙 Brandon 歌剧训练班外停车场

雅芬原词：

《蝶恋花·中秋思君》

广汉银盘残梦袭，独锁秋心，莫许晴光溢。
去雁一行难索迹，流华未至伤心泣。

桂酒椒浆温旧忆，君赠琼簪，执手相凝蜜。
祈望苍天收剑戟，长宵予我双飞翼。

《风蝶令·癸卯中秋》

雨著叶飞殚，云重月出难
举斛对空影更单。
园墙凄然枯藤、绕栏杆。

风侵轩缝漏，衣薄弱身颤。

自是多情共婵娟。

任尔悲欢离合、等闲看。

2023 年 9 月 28 日于维罗纳自寓

《五言·2023 年中秋》

寒雨，依然无月。

中秋竟无月，寒雨落蘋洲。
天道有慎罚，人寰无德修。
崩缺九伐乱，失衡八柄遒。
老亦何足念，婵娟当荫庥。

注：

蘋洲～江中长满蘋草的小洲。

慎罚～谨慎处理刑罚之事。

德修～先人遗留下来的盛德和修养。

九伐～泛指征伐，即战争。

八柄～帝王统驭臣下的八种手段，即爵、禄、予、置、生、夺、废、诛。

遒～迫于（完蛋）。

荫庥～保护、福佑。

2023 年 9 月 29 日于维罗纳自寓

《打油诗·调侃十五月亮十六元》

9 月 30 日凌晨（农历八月十六）夜空黝碧，皓月万里。

嫦娥明码苟临财，十五月亮十六元。
付出盗辣二十整，留下四块沽酒钱。
夕阳带走山边云，偌个银盘挂中天。
吴刚斟出桂花酒，小娘果然不食言。

注:
苟临财～面对钱财临时起意，获不义之财。
盗辣～英文 Dollar（美元）的音译。

2023 年 9 月 30 日于维罗纳自寓小院

《眼儿媚·佳节思远》

风扬芦花拂面柔，愁字当空浮。
海棠初蕾，雏菊已茂，一半仲秋。

悲欢离合今难全，一圆成弯钩。
相思唯在，虚微波上，按键指头。

2023 年 9 月 30 日于维罗纳自寓

十月诗词

《七言·贺六三届校友毕业六十周年庆》

六三届至今正好六十年，俗称一"甲子"。

　百二二年校庆辉，桃李芬芳满天飞。
　六十甲子聚何易，河东河西癸兔归。

　注：

百二二～上海市南洋模范中学建校 122 周年。

桃李～培养的学生。

六十甲子～天干地支（天干：甲、乙、丙、丁、戊、己、庚、辛、壬、癸；地支：子、丑、寅、卯、辰、巳、午、未、申、酉、戌、亥。相对组合六十年一循环。）六三届到今正好六十年。

河东河西～俗语"三十年河东、三十年河西"言世情之变换。

癸卯归～今年农历癸卯年，一九六三年也是癸卯年。所以说"归"。

2023 年 10 月 1 日于维罗纳自寓

《七言·自许》

日飧从无择珍馐，唯曾百年四海遊。
生性愚氓难入机，习隐闹市甘末流。
文章合时即生花，诗词情真也逴优。
何必攫挐凌霄云，自许瓮下做醉牛。

注：

入机～语言或行为投（世俗之）机。

习隐～《庄子·齐物论》："南郭子綦隐机而坐，仰天而嘘，荅焉似丧其耦。"后以'习隐'谓习学隐遁。有超然物外，忘情一切之意。

逴优～卓越。

2023 年 10 月 2 日于维罗纳自寓

《五言·秋思》

秋夜惹秋思，思仰秋月迟。
风轻落秋叶，秋思总乡时。

注：

乡时～往时，昔时。乡通"向"。

2023 年 10 月 3 日于维罗纳自寓小院

《五言·坦荡》

获悉诗友得四期胰腺癌，慰之。

祸福谁明天，坦荡顺自然。
既来则安之，逍遥胜如仙。

2023 年 10 月 4 日于维罗纳自寓

《七言·清光》

中天半轮映帘帏，流萤一盏向东飞。
端起茶盏换酒盏，细看月辉燃星辉。
卑词每在愁里得，思情总惹孤时归。
夜静斜倚栏杆处，邀得清光再举杯！

2023 年 10 月 5 日于维罗纳自寓

《乌夜啼·秋雨》

晨起风雨柔，叶落一顺水流。
浮烟迷茫是尘梦，凉意觉寒秋。

秋来易生相思，那时曾聚故州。
有多少朝欢暮悦，闲话一壶酒。

2023 年 10 月 6 日于维罗纳自寓

《南歌子·秋爽无题》

午后雨止，云去秋高，暮江景美。

秋雨短且爽，云去丽日明。
江燕邀我江边行。
却是一江秋光、扁舟横。

落叶随流去，芦绒照夕映。
日日见似侬箭影。
今夜扣舷数杯、醉不醒。

2023 年 10 月 6 日于维罗纳阿拉根尼河畔

《浣溪沙·芦岸秋水》

芦岸风起芦穗芒，江边一望秋水长。
夕阳斜射闪鳞光。

人字飞雁初过天，鼻头一酸泪眼汪。
相思随伊去旧乡。

2023 年 10 月 7 日于维罗纳自寓

《五言·寒露》

寒露尽夜霪雨，气温降至摄氏六度。

寒雨迎寒露，寒林色正苍。
西风吹叶落，归雁飞成行。
荻芦穗绒湿，野菊花雏黄。
薄衾亦觉寒，晨起添衣裳。

2023 年 10 月 8 日于维罗纳自寓

《柳梢青·天伦》

女儿女婿近日大忙，久未得歇。今稍暇即携其子并邀我"北公园"赏秋、拍照，至傍晚品尝日式晚餐。

玻璃杯晶，白瓷壶润，纯米酒清。
斟斟酌酌，爷孙同乐，夫妻互敬。

天伦之情盈盈。
前头是、憩赏秋景。
难得相聚，尝下肉香，品简鱼羹。

注：
北公园～匹兹堡市北约十英里处之国家公园。

2023 年 10 月 9 日于匹兹堡 Sushi Tomo 餐馆

《青玉案·辛亥革命》

辛亥革命 112 周年，联想戊戌变法亦 125 年矣！历代志士之天下为公理想实现乎？

立宪不成搞共和，借共和，圆帝梦。
未曾共和可再造。
却媚俄共，人民共和，人民共和讽！

新民主义快过渡，搭天梯，共产风。
共产不成弄改开。
云泥富穷，自己孩子，自己孩子控。

注：

辛亥革命～1911 年(旧历辛亥年)爆发的反帝反封建的中国资产阶级民主革命。1911 年 10 月 10 日，武昌起义爆发，成立湖北军政府。各省先后宣布独立，清政府迅速解体。独立各省代表推举孙中山为临时大总统。1912 年 1 月，孙在南京就职，宣告中华民国正式成立，组成了临时政府，颁布了《中华民国临时约法》。借共和，圆帝梦～指袁世凯窃取辛亥革命成果，任中华民国第二任临时大总统、首任中华民国大总统。之后企图任中华帝国皇帝，未成身死。

再造（共和）～段祺瑞出任国务总理、参谋总长、边防督办、临时执政等，1916 年至 1920 年掌握实权。在位期间，反对帝制、总统制，提倡责任内阁制，主张武力统一中国，迫使外蒙古撤治。謂"再造共和"。

媚俄共～这是孙中山晚年推动的为协助中国国民党的国民政府而引入苏联政治训练、军事及财务的外援。在国民党的组织方式上也模仿苏俄，成为所谓布尔什维克式政党，引入个人崇拜。

搭天梯～当时政权认为"人民公社"的方式是直接过渡到"共产主义天堂"的"梯子"。

共产风～一九五八年"大跃进"、人民公社化运动中发生的错误。主要是：不承认贫富之差别，贫富拉平，在公社范围内实行平均分配；公共积累过多，义务劳动过多；破坏等价交换原则，无偿调拨个人的财产。搞绝对平均主义。

改开～改革开放。

云泥～云在天，泥在地。高低悬殊，差别极大。

2023 年 10 月 10 日于维罗纳自寓

《七言·秋山暮色》

环山绕径野菊香，信遊漫步暮色苍。
林间有风奏天籁，山顶无语担夕阳。
万树争艳五彩色，百鸟齐鸣九转肠。
秋来莫教相思侵，此地秋景似吾乡。

2023 年 10 月 11 日于维罗纳东山

《柳梢青·恐怖为祸》

中东巴勒斯坦之恐怖组织哈马斯，突袭以色列，滥杀无辜，"斩首剿灭一村 200 多人，仅孩童被"斩首"四十多名！此等恐怖分子，不剿灭世界不宁！

血海仇深，纷争弥远，又起刀兵。
千年恩怨，同主异经，却聚一城。

教人怎不愤情！杀妇孺、魂飞魄惊。

非人族类，魑魅魍魉，铲除务靖。

2023 年 10 月 12 日凌晨于维罗纳自寓

《七言·无题》

本"匹兹堡中华文化语言学院"组织秋游，终因秋雨取消。

玄肃秋风本自然，高爽正宜信鸿翩。

诗题红叶悲情多，不如梦醉壶中天。

注：

信鸿～传送书信的鸿雁。

诗题红叶～红叶题诗传情的故事，历来记载颇多：

1）唐宣宗时中书舍人卢渥，"偶临御沟，见一红叶"，上题诗："水流何太急，深宫尽日闲。殷勤谢红叶，好去到人间。"见唐范摅《云溪友议》卷十。卢渥，鲁迅《唐宋传奇集·稗边小缀》作韩渥　　　　　　　　　　　　　　　　　　　　。

2）唐玄宗时顾况于"苑中，坐流水上，得大梧叶"，题诗云："一入深宫里，年年不见春。聊题一片叶，寄与有情人。"况亦于叶上题诗与之反复唱和。事见唐孟棨《本事诗·情感》。

3）唐德宗时进士贾全虚于御沟见一花流至，旁连数叶，有王才人养女凤儿题诗，"笔迹纤丽，言词幽怨"，诗云："一入深宫里，无由得见春。题诗花叶上，寄与接流人。"全虚见诗，为之流泪。德宗闻此事，因以凤儿赐全虚。事见宋王铚《补侍儿小名录·凤儿》。

4）唐僖宗时儒士于佑与宫人韩氏红叶唱酬，后遂结为夫妇。事见宋刘斧《青琐高议》卷五载张实《流红记》。

5）唐僖宗时进士李茵尝游苑中，于御沟得宫娥云方子红叶题诗。后茵与宫娥同行诣蜀，被内官田大夫拆散，“宫娥与李情爱至深，至前驿，自缢而死。”事见宋孙光宪《北梦琐言》卷九。后以“题红叶”为吟咏情思、闺怨或良缘巧合之典。

2023 年 10 月 12 日于维罗纳自寓

《人月圆·秋色思友》

今好友公子来访。真少年才俊，阳光帅睿，谈吐大方，前途无量。触发思乡州众信友矣。

秋山秋色天如洗，江远忆溟濛。
鹤归千岁，鲈脍九思，会酒一觥。

故人何处，稼轩垂问，饭与前同？
瓜架庭院，三五信友，苍鬓秋风。

注：

人月圆～词牌。又名“人月圆令”“青衫子”“青衫湿”。

鹤归千岁～《搜神后记》卷一：“丁令威，本辽东人，学道于灵虚山，后化鹤归辽，集城门华表柱。时有少年举弓欲射之，鹤乃飞，徘徊空中而言曰：有鸟有鸟丁令威，去家千年今始归，城郭如故人民非，何不学仙——冢累累！遂高上冲天。”按丁令威化鹤事，唐宋词人常用之，为眷恋故乡之情，承传至今。

鲈脍九思～鲈，鱼。脍，切得很细。九思，出于《论语·季氏》，指九种思辨，亦作反复思虑解。

会酒～聚会饮酒。

稼轩垂问～稼轩，南宋词人辛弃疾号"稼轩居士"。

垂问～辛弃疾《永遇乐·京口北固亭怀古》："千古江山，英雄无觅，孙仲谋处。舞榭歌台，风流总被，雨打风吹去斜阳草树，寻常巷陌，人道寄奴曾住。想当年，金戈铁马，气吞万里如虎。元嘉草草，封狼居胥，赢得仓皇北顾。四十三年，望中犹记，烽火扬州路。可堪回首，佛狸祠下，一片神雅社鼓。凭谁问，廉颇老矣，尚能饭否？"

信友～诚实守信的朋友。

2023 年 10 月 13 日于维罗纳自寓

《思越人·秋雨感怀》

昨秋高气爽，蓝天如洗。夜突暴寒雨，连至晨午，预尽日不止。

雨寒，风狂，枯叶漫飞飚。
乱云涌涌一天茫，鹤唳声凄遑。

激起离情，剩了嗟伤，叹孤债身异乡。
酒凉，心凉，倚醉也断肠。

注：

思越人～原名"朝天子"，唐教坊曲名，后用作词调名，又用作曲牌名。又名"谒金门""朝天曲"等。

2023 年 10 月 14 日于维罗纳自寓

《七言·秋雨即景》

雨中云气千峰隐，谷底松涛万浪排。
两队归雁南岭去，一江秋水东鋬来。

2023 年 10 月 14 日于维罗纳阿拉根尼河畔

《更漏子·秋夜思》

禾稼荒，红叶偒，却勾一老秋思。
苍鬓白，岁月残，经世知事难。

光阴倏，肩背伛， 消磨此生伫苦。
一字字，一句句，冥想到天明。

2023 年 10 月 15 日于维罗纳自寓

《七言·秋暮江景》

汀洲枯芦叶似铤，云齐争列刺斜阳。
如屏展卷暮山醉，总需一樽洗愁肠。

注：
铤～锋刃、剑端。
云齐～水天相连处，云布满天空。

2023 年 10 月 16 日于维罗纳阿拉根尼河畔

《七言 · 秋江暮云》

萧萧岸树叶枯黄，腾腾乱云遮夕阳
戏禽凫浴知水冷，蓝椅久坐思渺茫。

2023 年 10 月 17 日于维罗纳阿拉根尼河畔

孤雁两首：

归雁群江畔休息后成队飞去，见一孤雁留汀洲芦丛。许久另一只雁闻声寻来，与孤雁相拥而蒲伏于芦丛。猜，或配偶也。

《五言》

整队去已远，单只何以孤。
向晚唯临机，且暂栖汀芦。
见有同类落，应声相拥蒲。
明日天上侣，齐飞南下途。

注：

临机～面对机会或变化的情势临机判断。
蒲～蒲伏。即匍匐，伏地。

调寄《沉醉东风》

秋江面漾漾晚霞，霞光里绒绒芦花。
花飞扬似梦，梦像景如画。

画中人佯装潇洒，洒涕泪思念乡家。
家却在万里那搭。

注：

沉醉东风～曲牌名。产生于金末、南宋时期。南北曲兼有。北曲属双调，南曲属仙吕宫入双调。此调可用于剧曲、散曲套数和小令。全曲七句六韵，句式（不计衬字）为六、六、三、三、七、七、七。代表作有关汉卿《沉醉东风·咫尺的天南地北》等。

2023 年 10 月 18 日于维罗纳阿拉根尼河畔

《七言·落叶》

落红落叶均有情，化作春泥都护花。

秋色天净树影空，梢动摇落怨西风。
昨还枝上万重彩，今已地上一片红。
莫当熙阳翻丹雪，却是暗霜染青枫。
化作春泥有真情，山林来年又葱茏。

注：

真情～晚清龚自珍《己亥杂诗·浩荡离愁白日斜》
浩荡离愁白日斜，吟鞭东指即天涯。
落红不是无情物，化作春泥更护花。

2023 年 10 月 19 日于维罗纳东山

《南乡子·东山行》

溪水净寒沙，道边野菊绽黄花。
今日东山闲信步，无华，群峰不语披晚霞。

高处望云涯，清江如练浮渔艖。
万籁林中却有声，躁鸦，当趁暮色转回家。

注:

艖～小舟。

2023 年 10 月 20 日于维罗纳东山

《七言·秋江夕阳》

黄芦枯荻满汀洲，西风落叶万里愁。
秋山林疏夕阳懒，聚云溟濛寒水流。

2023 年 10 月 21 日于维罗纳阿拉根尼河畔

诗词两首:
匹兹堡至华盛顿郡（county）沿途秋山彩林，幻色缤纷。唯黄菊铄金格外。

《忆江南·秋意》

秋意冷，肃杀展清氛。
莫道叶红霜枬意，阴阳世情满氤氲。
山色幻更纷。

注：

霜柹～柹，读 nie。叶子枯萎的枝条。

氤氲～阴阳二气互相作用的状态。

《七言·金菊》

浅霜然已证秋深，不染白林染彩林。

谁知寒菊不徇颜，偏教丛里饰黄金。

注：

不徇颜～不看（别人）的脸色。

2023 年 10 月 22 日于匹兹堡去宾夕法尼亚州华盛顿郡途中

《七言·九月九》

借王维《九月九日忆山东兄弟》

九月九日登高处

秋山秋水生秋风

途穷还家未有期

兄弟（姐妹）何时聚山东。

注：

王维原诗～独在异乡为异客，每逢佳节倍思亲。遥知兄弟登高处，遍插茱萸少一人。

2023 年 10 月 23 日（是日重阳）于维罗纳自寓

《七言·赏暮迟》

行到西江看水时，独坐蓝椅赏暮迟
野凫潜喙啄鲦鱼，老树落叶展空枝。
汀洲芦荻因风卧，列岸青石为我兹。
清风明月非吾有，耳得目遇任获之。

注：

鲦鱼～鲦，读 shu，小鱼。

兹～（在）这儿。

清风明月、耳得目遇～苏东坡《赤壁赋》句："且夫天地之间，物各有主。苟非吾之所有，虽一毫而莫取。惟江上之清风，与山间之明月，耳得之而为声，目遇之而成色。取之无禁，用之不竭。"

2023 年 10 月 23 日于维罗纳阿拉根尼河畔

《七言·尾接头·霜降》

山菊篱菊需凌霜，
凌霜更炫色金黄。
金黄何惧沐秋寒，
秋寒时节迎霜降。

2023 年 10 月 24 日（是日霜降）于维罗纳自寓

《南乡子·重阳醉》

秋势冷却妙，一览山色纷艳闹。
驱步江沿闲客少，得着！落红林中眯一觉。

寡酒醉顷倒，醒来半月临树稍。
粘得满头枯乱草，拂掉！佯装悠优过云桥。

注：

云桥～高大的桥。

2023 年 10 月 25 日于维罗纳阿拉根尼河畔

《七言·桥眺》

咫步云桥眺晚秋，江岸彩树桥下流。
摩崖疑为题诗削，椽笔几时书丹留。

注：

咫步～短距离。

云桥～高大的桥。

摩崖～可以刻写文字的山崖。

椽笔～《晋书．王珣传》："珣梦人以大笔如椽与之，既觉，语人云，此当有大手笔事。俄而帝崩，哀册谥议，皆珣所草。"后因以"椽笔"指大笔，或大手笔，称誉他人文笔出众。

书丹～古时刻碑，先用朱笔在石上写所要刻的文字，称"书丹"，后泛指书写碑志。

2023 年 10 月 26 日于维罗纳阿拉根尼河上 Jonathan Hulton
Memorial Bridge（"乔纳森·赫尔顿"纪念桥）

《清平乐·高天归鸿》

高天归鸿，可知相思意。
无情流水兀自去，委知此情难寄。

独坐蓝椅凝眺，又见飞云夕照。
惆怅人面何时，忽闻秋林鸾啸。

注：

鸾啸～《晋书·阮籍传》："籍尝于苏门山遇孙登，与商略终古及栖神导气之术，登皆不应，籍因长啸而退。至半岭，闻有声若鸾凤之音，响乎岩谷，乃登之啸也。"遂以"鸾啸"为胸怀志趣更高的典故。

2023 年 10 月 27 日于维罗纳阿拉根尼河畔

《鹧鸪天·秋醉》

山径野菊迎凄寒，西风斜雨落叶残。
苍鬓白发空自叹，羞与时人冷眼看。

饭尚能，身尚安。莫管世事乱得欢。
醉里不觉事心烦，暖酒一杯慢慢干。

2023 年 10 月 28 日于维罗纳东山行

《虞美人·扫叶》

秋雨淅淅人更老，闲把落叶扫。
最恨西风不知怜，乱吹红黄残片飞满天。

门前一矢公用地，吾自不辞义。
任是冬雪或秋霖，亦然一寸任劳一寸心。

注：

一矢～一箭之地。古三十丈左右。

2023 年 10 月 29 日于维罗纳 Hula bar（呼啦酒吧）前

《南乡子·膝痛预知寒流》

膝盖老伤，疼痛预知气候变化，果然寒流袭来。戏填《南乡子》。

老膝感刺痛，预知北来寒地风。
果然层岚灰蒙蒙，滴咚，秋雨涟涟即成涷。

久疾成星翁，掐算风霜雨雪功。
不准不收任酬俸，装熊，灌上几杯耍酒疯。

注：

滴咚～雨点打在屋顶上的声音。
涷～暴雨。屈原《九歌·大司命》："令飘风兮先驱，使涷雨兮洒尘。"

2023 年 10 月 30 日于维罗纳自寓

《五言·哲思·无题》

读书笔记。

事济因效见，理真需据明。
处巅势可危，偏盈秤易倾。
所优隐所劣，技拙出技精。
曲高难唱和，言巧不如行。

注：

第一句～事情成功与否看实际效果。
第二句～道理是否成立看真凭实据。
第三句～处于最高的位置危险最大。
第四句～一头太重秤就倾斜。
第五句～优秀中隐藏着低劣。
第六句～拙笨出自于精明。
第七句～曲调太高难有唱和。
第八句～花言巧语不如实际行动。

2023 年 10 月 31 日于维罗纳自寓

十一月诗词

《风入松·初雪》

匹兹堡昨夜初雪，今尽日或阴或晴，细雪飘忽。

醒魇知因孤衾冷，抬眼望窗明。
纷飞却见冰花舞，冰姿白，冰华柔情。
原是云淡光寒，东天霁色晓晴。

庭树恍惚露春意，冻雀踏两行。
朦胧远处一孤村，一半隐，一半皎晶。
此地初露寒意，九素妆裹乡城。

2023 年 11 月 1 日于维罗纳自寓

《点绛唇·地瓜》

春种一"盆"地瓜（番薯），昨初雪，藤叶全枯，今刨出，结十颗，堪比十指更小，可半解馋。

零落院圃，夜来新雪摧晚稼。
一盆地瓜，参差指头大。

民谣有云，一家吃穿全靠它。
哎呦哇，如今只能，解馋半拉。

注：

民谣有云～山东民谣：

"我家有二亩地呀，

种上了大地瓜呀，

一家的吃穿全都靠着它！

但等那秋风一吹地瓜大呀么大地瓜。

合家么使上劲儿呀，

一齐往家拉！拉地瓜！"

2023 年 11 月 2 日于维罗纳自寓后院

《七言·凝霜》

小院诗意残月斜，临肆客醉笙歌哗。

夜阑初寒秋色老，凝结早霜凋凌花。

2023 年 11 月 3 日于维罗纳自寓

《七言·无题》

乱世潇洒做五穷，舍势削迹任西东。

咫尺书斋半窗月，伛偻曲台八旬翁。

情甘寂寞唯娱酒，意嫌伪俗且装熊。

莫道旧雨相逢难，电敲鱼书一样通。

注：

五穷～韩愈《送穷文》谓智穷、学穷、文穷、命穷和交穷是使人困厄不达的五个穷鬼，遂三揖而送之。后以"五穷"喻厄运。

舍势～舍弃。

削迹～消踪匿迹，指隐居。

曲台～著述校书之处，此指写字台。

旧雨～老朋友。

电敲～按键。

鱼书～书信。

2023 年 11 月 4 日于维罗纳自寓

《鹧鸪天·坐江望山》

初冬，林树凋零，显露村舍。乌、鹊通巢，藤、树缠绕，均天章自然。唯万物之灵的人类，自以为是，搅得周天纷乱。

林疏山露村舍房，落叶枯草小溪长。
乌鹊通巢知相安，藤树缠绕互依傍。

生万物，有条章。老天自然谐阴阳。
周天纷乱世间事，唯有人灵鬥很强。

注：

乌鹊通巢～乌鸦與喜鹊同巢，不同類的動物和睦共處。《隋書·卷七二孝·義傳·郭儁傳》："家門雍睦，七葉共居，犬豕同乳，乌鹊通巢，時人以為義感之應。"

条章～条例规章。

周天～满天，整个天地间。

很强～很，读 hen。凶狠强横。

2023 年 11 月 5 日于维罗纳阿拉根尼河畔望西山

《水调歌头·冬江坐思》

凋零是红叶，傲霜唯黄花。
涟漪山岭倒映，西流东倒斜。
塞翁野老乘闲，端坐蓝椅看渡。
细数飞浆划。
夕阳照云海，一片冷青霞。

西岸山、东来水、清泪沱。
纷鬟乱发，丁对江中争流舸。
谁与同坐？落雁信凫我。
思嚣远去，声求有唱和。
一苇可，驾万里风，骑冲天鹤。

注：

丁对～正好对着。

信凫～信鸥。

一苇～一根芦苇。指小船："纵一苇之所如，凌万顷之茫然。"

冲天鹤～周灵王太子晋从道士浮邱公游，曾在缑氏山巅控鹤冲

天。

2023 年 11 月 6 日

《五言·投票》

今天是美国 2024 大选之前最后一次大规模的星期二选举。全
美在 12 个州将有 346 场激烈竞争。

一纸列睿庸，两党呈旨宗。
投票选贤能，吾辈责任重。

2023 年 11 月 7 日于维罗纳市政厅投票站

《七言·立冬两首》

四句：

细露遇寒结成霜，山林树叶逐枯黄。
秋尽迎来立冬日，围炉沉酣醉旧乡。

八句：

两岸疏林满眼枯，萧杀霜重傲菊梧。
夜色苍茫寒星闪，空净云薄西风呼。
清气冷寂能醒脑，残月光映益读书。
莫嫌漏风旧窗老，借故烫暖酒一壶。

注：

梧～作魁梧解。《史记·留侯世家》"余以为其人计魁梧奇伟。"

2023 年 11 月 8 日于维罗纳自寓

《七言·冬夜雨》

寒风吹雨潜入兹，梦里知几因见时。
街灯明灭映潭水，枯树摇曳抖残枝。
料得凄冷随之来，寻出冬衣裹迈衰。
不忍风雨传悲声，起坐呵笔苦作诗。

注：

知几因见时～见时知几。见先兆预而知事情的变化。此处指冬雨预示随之而来的寒流降温。也可引申到预示时局的变化。
迈衰～衰 cui。老迈的身体。

呵笔苦作诗～呵笔寻诗。冬天毛笔冻结，呵出暖气使之解冻；寻觅诗句，然后挥笔作诗。形容冬日苦吟。

2023 年 11 月 9 日于维罗纳自寓

《七言·冬雨丽日》

雨后晴空倍悠然，安闲信步越江边。
凭身坎路十万里，屈指去国四十年。
难数经事无成事，易老合天任从天。
一日好景一日赏，不是神仙似神仙。

2023 年 11 月 10 日于维罗纳阿拉根尼河畔

《七言·早起》

丹霜十月寒气清，今朝又是碧空晴。
初阳庸懒露东山，晨鸦喻枝筑巢营。
诗意皆因闲愁起，怨恨偏为世情生。
熙景撩拨愿少睡，余年应复惜三明。

注：

三明～日、月、星。（非 sandwich）

2023 年 11 月 11 日于维罗纳自寓

《虞美人·静夜思》

落叶风前自在舞，飘漇沉寒浦。
夜来幽圜月如钩，一樽在手可消万般愁。

小院当年曾记否，巍肩斗新酒。
由来人事多消磨，回首光阴虚度去如梭。

注：

漇～读 xi，沾濡湿润。
幽圜～高深幽暗的天空。
巍肩～豪壮之气。

2023 年 11 月 12 日于维罗纳自寓

《蝶恋花·思友》

遥思万里故国远。
五岳三山，多年未曾见。
料想九风吹又转，三五争友或曾变？

冬来叶枯树应剪。
人且平安，人当俱丰衍。
祝祷人人三平满，不枉吾行受阻限。

注：

争友～直言相告的朋友。
九风～有关国运的九种社会动向。

丰衍～富裕盈足。

三平～衣食住，日常生活。

2023 年 11 月 13 日于维罗纳自寓

《七言·冬江遐想》

清江冷色一带水，西风寒音八度声。

倘得鸿鹄千里高，伏背凌驾不计程。

2023 年 11 月 14 日于维罗纳阿拉根尼河畔

诗词二首

《五言·何故》

见一双长细腿白水鸟（形似白鹭），于江边觅食，俄儿飞去，不知南北…。

皓素羽双双，长肢立寒江。

本是应候鸟，何故不回乡？

注：

应候～顺应时令节候。

候鸟～随不同季节定时迁徙、变更栖居地的鸟类。候鸟有"夏""冬"之分。夏季在一定地区繁殖、秋季飞往南方越冬的鸟类，对这一地区来说是夏候鸟；夏季在北方繁殖、秋季到某一地区越冬的鸟类，对这一地区来说是冬候鸟。

根据地域不同，某同一种鸟类对于偏南方地域可能是"冬候鸟"，但对于偏北方的地区恰恰是"夏候鸟"。

匹兹堡地处北温带偏北，似乎没有什么鸟类在此"应候"。好像只有乌鸦一年四季都看得见。此地常常有小野生动物被车撞死，乌鸦便是这些小型野生动物尸体的"清道夫"。

被撞死的大型动物如鹿，一般会有市政人员清理。

《南乡子·江暮》

冷水净寒沙。落叶红透似春花。
闲翁劳困闲信步，日斜，山脊树梢连晚霞。

疏林喧声哗。我却寻处听噪鸦。
无月对空一杯酒，嗟呀，不醉热酒醉岁华。

注：

岁华～时光，年华。泛指草木一岁一枯荣。

2023 年 11 月 15 日于维罗纳阿拉根尼河畔

《人月圆·无月》

无月幽宵天如墨，鬼眼星闪烁。
孤影一白，平戎一翁，圆缺一坡。

刘伶荷锸，廉颇饭问，袁安高卧。
斗室乱籍，漏窗乱风，苍冀乱绰。

注：

影虚一人～指李白诗《月下独斟》："举杯邀明月，对影成三人。……"无月无影只一人。

平戎一樽～指陆游诗《猎罢夜饮示独孤生》："一樽共讲平戎策，勿为飞鸢念少游。"

离合一坡～指苏东坡《水调歌头》："人有悲欢离合，月有阴晴圆缺。"

刘伶荷锸～指《晋书．刘伶传》："刘伶常乘鹿车，携一壶酒，使人荷锸而随之，谓曰：死便埋我。"后以"刘伶酒""刘伶锸"为纵酒放达的典故。

廉颇饭问～指辛弃疾《永遇乐·京口北固亭怀古》："凭谁问，廉颇老矣，尚能饭否？"

袁安高卧～指《后汉书·袁安传》："汉时袁安未达时，洛阳大雪，人多出乞食，安独僵卧不起，洛阳令按行至安门，见而贤之，举为孝廉，除阴平长、任城令。"

斗室～极小的屋子。

乱籍～乱七八糟的书籍。

绰～古同"搅"，吹拂，搅乱。

2023 年 11 月 16 日于维罗纳自寓

诗两首：

《七言·小阳春》

立冬前后十数日，气暖如春，谓"十月（农历）小阳春也"，昨晚极暖，故引冷空气来成雨，今日不止，料一降温过程也。

寒雨淋得失阳春，料得明朝添衣裈。
秋去冬来春不远，严雪杀尽疬瘴瘟。

注：

衣裈～内衣。裈，读 kun。

《七言·祝张巍老师合宏威宇律师事务所深圳分所开张》

张巍，律师。专长国际法律事务，外交部依法行政顾问和领事保护顾问。前"领事保护学习班，张巍老师专职教授国际法律知识，有师生之谊。今传其"合宏威宇"律师事务所深圳分所于 11 月 21 日开张，故托办花篮祝贺。"合宏威宇"律师事务所在海外已经有 13 个分所。

远闻新张当奉钦，寻出美酒自己斟。
良师日久成知己，贤隽秋令传佳音。
十三驻所海外佈，八旬学生故人心。
遥托置办花代语，作首小诗如亲临。

2923 年 11 月 17 日于美国宾夕法尼亚州匹兹堡维罗纳自寓

《五言·读蔡邕笔论》

欲书先散怀，恣性任依排。
迫事莫挥毫，思静方妥谐。
仰俯入其形，纵横莫舛乖。
善得谓之书，行草隶篆楷。

注：

蔡邕～蔡邕，字伯喈，陈留圉人。东汉左中郎将，才女蔡琰之父。少笃孝博学，校六经文字于熹平石经，又续写《东观汉记》。由于谴责宦官，流亡江湖多年。后迫于司空董卓而仕，董卓死后被司徒王允引咎下狱而死。

蔡邕笔论～蔡邕《笔论》："书者，散也。欲书先散怀抱，任情恣性，然后书之。若迫于事，虽中山兔豪，不能佳也。夫书，先默坐静思，随意所适，言不出口，气不盈息，沉密神彩，如对至尊，则无不善矣。为书之体，须入其形。若坐若行，若飞若动，若往若来，若卧若起，若愁若喜，若虫食木叶，若利剑长戈，若强弓硬矢，若水火，若云雾，若日月。纵横有可象者，方得谓之书矣。"

（海老读后感：汉字从象形而来，每个字有它自己的"形""意"，许多字放在一起，又形成了"章"。就像我们形容一个菜肴常常会用"色、相、味"来衡量。

汉字的书写其实包含了对"形、意、章"的综合考量。

"散"的基础是"聚"。汉字是笔划的"聚"，一个汉字与其他汉字"聚"在一起所形成了"章"，是有艺术内涵的。汉字的每一个字，独特的、有个性的，都可以在艺术内涵中扩展。而书写汉字的手，又是每一个不同个性的人，在书写过程中当然会注入不同的感情和个性。这就需要理解蔡邕的"散"字的含义。

再读他下面的这段话："为书之体，须入其形。若坐若行，若飞若动，若往若来，若卧若起，若愁若喜，若虫食木叶，若利剑长戈，若强弓硬矢，若水火，若云雾，若日月。纵横有可象者，方得谓之书矣。"

我理解的意思是，在写字的时候，你要想到这个字所表达的形体，比如"坐"字为坐、"行"字为行；"飞"字像飞；或"去"去、"来"来；或"卧"着、"起"来；"愁"苦、"喜"悦的表情。（用笔）或像蚕虫吃叶；像利剑长戈刺杀；像强弓利矢射击；像水流火燃；像云雾铺染；像日月高悬。心里有了这些象意注入字中，才可以称之为书法。）

2023 年 11 月 18 日于维罗纳自寓

《关河令·冬暮》

冬日暖阳终也暝，感一身渐冷。
回首西岭，唯余落霞景。

街角酒肆焕炳，有画壁彩灯相映。
不如醉醒，再斟一杯倾。

注：

焕炳～明亮。

2023 年 11 月 19 日于维罗纳呼拉酒吧（Hula Bar）

《七言·冬暮江行》

向暮云淡寒气清，鸥闲伛步沙岸行。
林疏难掩林鸟唧，舟乱任泊舟自横。
搜字寻句吟小诗，忧世忆慨叹浮生。
回厨烫酒酣身暖，细调肴菜煮热羹。

注：

鸥闲～鸥鸟闲暇自在，喻隐退的悠闲生活。
伛步～弯腰曲身行走，喻老年人走路样子。

2023 年 11 月 20 日于维罗纳阿拉根尼河畔

五言诗两首

《五言·论史》

煌煌五千年，自诩九点烟。
祸福乞明君，安危依桓壖。
攘外文武嬉，治内伪作贤。
往复无二致，兴衰一回旋。

注：

九点烟～自高处俯视九州，如烟九点，借指中国。宋 刘昌诗《白玉楼赋》："俯齐州兮九点烟，瞰苍冥兮一杯水。"清 黄遵宪《海行杂感》诗："九点烟微三岛小，人间世要纵婆娑。"

桓壖～墙。

《五言·冬雨夜思》

一多年挚友发来其主办足球赛视频，忆相识相契与世界杯也，四分之一世纪矣。

寒雨上冬夜，小阁一浪翁。
酒酣尚温余，眠失葭思中。
生死两因缘，海天一相逢。
真情如长梦，石烂无始终。

注：

上冬～初冬，农历十月。
浪翁～唐元结《浪翁观化》序："浪翁，山野浪老也。闻元子亦浪然在山谷，病中能记水石草木虫豸之化，亦来说常所化。"浪翁，当是杜撰之名。此作"山野老翁"

葭思～"蒹葭之思"的省语。常用作对人怀念之语。出之《诗．秦风．蒹葭》："蒹葭苍苍，白露为霜。所谓伊人，在水一方。"

2023 年 11 月 21 日于维罗纳自寓

《五言·小雪节气》

今小雪节气，匹兹堡自昨日（21 日）晨起涷雨涟涟至此时（22 日凌晨）不止……。

涷雨起季末，小雪意如何？
冷冽应时到，清江寒水多。
沍冻益清脑，晶珠妆琼柯。
姑射乘云气，御龙舞婆娑。

注：

涷雨～暴雨。屈原《九歌·大司命》："令飘风兮先驱，使涷涷兮洒尘。"

沍冻～天寒地冻。

琼柯～披雪的树枝，比喻贤者。

姑射～射，读 ye。雪神。《庄子·逍遥游》："藐姑射之山，有神人居焉。肌肤若冰雪，绰约若处子。不食五谷，吸风饮露，乘云气，御飞龙，而游乎四海之外。其神凝，使物不疵疠而年谷熟。"

2023 年 11 月 22 日于维罗纳自寓

旧诗重发

《写在感恩节》

感恩是与生俱来的品质
感恩是埋在心底的记忆
感恩是天长日久的习惯
感恩是为人处事的原则
感恩不需等待
等待某日某时
感恩不是生意
成为购物狂潮
感恩不是口号
只是嘴上喊叫
感恩不是聚会
凑在一起热闹

感恩是什么
天会知道

（作于 2015 感恩节）
2023 年 11 月 22 日重发于维罗纳自寓

诗词两首：

《行香子·友聚感恩节》

山色涳濛，乱云向东。
社翁雨、湿了村翁。
坎坷世路，介行畸躬。
总一脚深，一脚浅，一脚空。

朝来青穹，气爽和融。
四野静、庆节适逢。
与个嘉友，碰它几盅。
任啤酒黄，醇酒白，果酒红。

注：

社翁雨～社日所降之雨。
村翁～乡村老人。（自喻）
介行～一个人行走。（含孤高耿介之意）
畸躬～弯着身子。（含独行脱俗之意）
果酒～水果所酿之酒，此指葡萄酒。

2023 年 11 月 23 日于匹兹堡朋友家

《五言·无题》

风轻半月来，闻色上露台。
洌酽心中过，不能消鸿哀。

注：

洌酽～清澈而浓厚的酒。
鸿哀～流离之哀。

2023 年 11 月 23 日于匹兹堡女儿家

《七言·见面之情》

召唤"匹兹堡华文诗词比赛"组委、评委诸君聚会。

诚知诸君有限身，勤劳家国勤比敦。
寻暇弛放神心益，入厨调啖美味飧。
酒筵仙席莫轻辞，雁聚雅畅易销魂。
莫信网虚空念远，见面之情高昆仑。

注：

比敦～敦比，孜孜不倦地工作。

2023 年 11 月 24 日于匹兹堡女儿家

《五言·无题》

闲诗无人和，独自轻吟哦。
休怨无义趣，当容再镌磨。
师者遍处有，书卷台前多。
愚拙勤能补，莫笑塞翁皤。

注：

镌磨～雕刻、磨磋。比喻文字的砥砺锤炼。

塞翁～出于《淮南子·人间训》，指忘身物外，乐天知命，不以为怀的人。有"塞翁失马焉知非福"成语。

皤～读 po。白色，形容白发飘然。

2023 年 11 月 25 日于维罗纳自寓

《寿阳曲·赴好友感恩节宴》

果酒酸，麦酒醺，硕大火鸡待诸君。
肴满台，煎炒蒸炸煴，感恩客欣主人殷。

注：

果酒～葡萄酒。
麦酒～威士忌酒。

2023 年 11 月 26 日于维罗纳自寓

《唐多令·晨雪》

昨夜寒雨，至晨转细雪。

枯荻满汀洲，碕湾欂船浮，北极地又下寒流。
清晨里风犹冻手，夜间雨，成飘柔。

莫道已三休，尽日伴盟鸥。旧故新朋总是愁。
此情无奈寄诗酒，知何日，再共游。

注：

碕湾～河岸，河水弯曲处。

欂船～停泊的船只。

飘柔～轻漫的小雪。

三休～唐司空图晚年以足疾乞退，筑亭名"三休"。作文云："休，休也，美也，既休而具美存焉。盖其量才一宜休、揣其分二宜休、耄且聩三宜休。又少而惰、长而率、老而迂，是三者非济时之用，又宜休也。"后以"三休"为退隐之典。

盟鸥～与鸥鸟结盟同住水乡，喻退隐。

2023 年 11 月 27 日于维罗纳阿拉根尼河畔

《五言·夜雪》

北风如奔䯄，何物齐飞斜。
青女展天巧，剪云成冰花。

注：

䯄～䯄，读 gua。黑嘴黄马。

青女～传说中的雪神。

《梦江南·知人老》

幕帘卷，寒风吹又扰。
一抹清光透凌日，白璧凉月西山消。
酒醒人起早。

昨夜梦，相聚众英豪。
举觥晃盏听醉声，满座诗情亢音高。
只我知人老。

2023 年 11 月 29 日于维罗纳自寓

《采桑子·西洋参王》

威斯康星州姜博先生种植西洋参多年，产品广推美、中，遍及世界各地。今得一巨型"参王"，肢壮鬚全，凡八两重，实为罕见。

威州誰种洋参王，五叶三桠。
五叶三桠，人形品煌当恣夸。

神草延年赞姜贤，灵效孕毓。
灵效孕毓，功著医域众贶嘉。

注：

西洋参～或称花旗参。"花旗"为美国旧称。
威州～美国威斯康星州，为西洋参产地。
人形～参极似人形故称"人参"。
品煌～品质优良。
姜贤～西洋参种植者姜博先生。
孕毓～包含在里面。
贶嘉～给予嘉奖。

2023 年 11 月 30 日于匹兹堡女儿家

十二月诗词

《解语花·江徼》

云轻霞淡，暮气添寒，夕阳落岫峭。
汀芦轻摇，幽静处，却有衰翁归钓，闲情淳好。
满眼望、夹岸烟峤。
疏林枯，因何有声，人惊昏鸦哕。

何妨孤身僻老。
任西边日晚，东边月消，无须迟早。
伛偻步、循循慢慢悄悄，悠然江徼。
待归来、小酒一觉。
迷愣时，诌几句侈词乖调。

注：

岫峭～陡削的山峰。
归钓～隐居的代称。
烟峤～雾气迷朦的山岭。
僻老～孤陋年老。
伛偻～弯腰曲背。
江徼～江边巡步。
侈词～浮夸之词。
乖调～不合曲调。

2023 年 12 月 1 日于维罗纳阿拉根尼河畔

《采桑子·腰脊萎缩》

几日腰疼，昨午夜突左腰至臀至腿至脚踝，如刀割之痛，无法入眠。天明即急诊求医，医用核磁共振检测，谓"急性腰脊狭窄综合症"压迫神经至痛，谓腰脊过劳所致。医嘱不可再提重物等，友嘱勿苟待自己身体。

午夜腰疼如刀割，实难按遏。
实难按遏，刀刀刺心，痛极唯叱咄。

天明无奈求医科，共振磁核。
共振磁核，腰脊萎缩，压迫神经曷！

注：

叱咄～大声呼喊。
曷～语气词。

2023 年 12 月 1 日于玛格丽特医院急诊室

《浣溪沙·夜雪晨晴》

盈盈身轻飘云裳，斜风带舞入轩廊。
一夜玉砌改素妆。

晨起空净气余寒，一脉旭光起朝阳。
当邀青女醉一觞。

注：

青女～传说中的雪神。《淮南子·天文训》："至秋三月，地气不藏，乃收其杀。百虫蛰伏，静居闲户。青女乃出，以降霜雪。"

2023 年 11 月 28 日于维罗纳自寓

《五言·会初见老友》

与某君相知多年，今在匹兹堡初次相会，畅怀共饮，快哉！

识久今为见，相逢一醉休。
浮云三千界，流水七个秋。
侠思义愈合，谈笑情益稠。
他日为抉善，筹措当共谋。

注：
浮云～时光。含光阴流逝、时光短暂。
三千界～大千世界。
侠思～美好思绪。
抉善～抉善而从。

2023 年 12 月 2 日于匹兹堡老四川饭店

《蝶恋花·匹兹堡大学国际教室公开课》

匹兹堡大学每年十二月第一个星期日，举办"国际教室公开课"，展示世界各种文明和文化传承。公开课上各民族、各国家，充分展示自己文明文化的优秀部分，如同百花齐放、百艳千葩。无分高下、难评优劣。这是一个文明、文化大融合的场合，这才是人类社会应该追求的目标。

匹大举办公开课，东西文化，百花齐婆娑。
自来展现优良处，谁高谁低无此说。

兀自摆下书法桌，一笔一画，雅笺舞笔墨。
西文名字华文译，文明互异可谐和。

注：

匹大～匹兹堡大学之简称。

西文名字华文译～用非华文的名字用相近读音译成华文。（选择吉利、高雅、幸运的华文字、词解释给求字者，获极大赞赏喜悦）。

2023 年 12 月 3 日于匹兹堡大学主教学楼

《临江仙·静养待趫雄》

愁听细雨酬西风，季逢节序匆匆。
霜雪不似春花红。
何人赞此景，同我赘世翁。

五过一身伤老矣，腰脊残缩瘫痪。
坐卧起行力不同。
唯进一杯酒，静养待趫雄。

注：

赘世翁～无用于世，徒为世之累赘之人。出自《宋史·隐逸传》。王樵，淄川人。咸平中，契丹游骑至，举家被虏。樵挺身入契丹访寻父母，累年不获，自叹："身世如此，自比于人可乎？"遂于俗绝，自称"赘世翁"。后多用于自谦之词。

五过～也称"五劳"，中医学名词。指久视、久卧、久坐、久立、久行过度而造成志劳、思劳、心劳、忧劳、疲劳等致病因素。

趫雄～矫健强壮。

2023 年 12 月 4 日于维罗纳自寓

218

《虞美人·眼底检查》

朋友驱车送眼科医院循例年检。正议入冬何不下雪，即细雪飘娑，似昊天闻知即令雪神青女剪云成花。经检查后，已生云翳（白内障），医嘱需尽快摘除，后即可获光明。手术定于 12 月 11 日（左眼）和 12 月 27 日（右眼）。

怎料闲议冬令暖，唤起雪飞沙。
细粒舞斜迎面挝。
莫非苍茫侧耳、听嗟讶。

只合朽衰眼昏花，前幕飘乱霞。
医者详测生云翳。
按嘱务须挶摘、再光华。

注：

挝～敲击。此处读 zhua 不读 wo（老挝）。
云翳～白内障。
挶摘～摘取。

2023 年 12 月 5 日于匹兹堡 PREMIER 眼科医院。

《西江月·宜和临》

因腰伤今去家庭医生处安排理疗事宜。

八十烟云度过，惹了一身残疾。
从此何事最相宜，宜醉宜游宜逸。

幸有一江流水，春风秋雨冬霁。
从此何事最信必，临山临月临笔。

注:

信必～诚实不欺，必定做到。

临～到、来、挨着、靠近…。

2023 年 12 月 6 日于维罗纳自寓。

《七言·大雪节气》

正逢六出飞花时，不见青竹变琼枝。
江浦白鸥皓翅巡，寒林骇鹿惊蹄驰。
阳春十月春已衰，三冬九序冬临兹。
他日地冷何作褥，烦劳青女素裙撕。

注:

首两句～唐代高骈《对雪》："六出飞花入户时，坐看青竹变琼枝。如今好上高楼望，盖尽人间恶路岐。"（但高骈以来千两百，人间恶歧之路，非但盖而无尽，却愈恶愈歧也，呜呼！）

阳春十月～农历十月常有回暖，故有称"十月小阳春"。

三冬九序～初冬、中冬、隆冬为三冬。故人以"冬至节气"始，每九日为一单位，至九九八十一日止，为冬去春来。故有"数九寒天"之说。且用"亭前垂柳珍重待春風"九字，每日一笔，共八十一笔书成，即冬去春来。

青女～传说中的"雪神"。

素裙撕～古诗有以雪神"撕素裙"司雪之妙句，一时查询不到（待后补）。

2023 年 12 月 7 日于维罗纳阿拉根尼河畔

《七言·江风晚霞》

伛步蹒跚因栖迟，零落归舟锁阶墀。
孤叶飘落风过后，寒林又见日斜时。
流水伤嗟流凄泪，啼鸦哀声啼乡思。
晚霞层层慰寂寞，归来独斟酒满卮。

注：

栖迟～游息、飘泊、滞留。
阶墀～台阶、阶面。此指码头平台。
卮～酒杯。

2023 年 12 月 8 日于维罗纳阿拉根尼河畔

《虞美人·扫叶》

落叶旋作天魔舞，竹帚追着苦。
流尘向西风向东。
犹如漂沦身世、白鬢翁。

劳碌一生人钝朽，妙趣唯事酒。
斟上一杯三七醑。
笑看纷乱世间、归来去。

注：

天魔～佛教：欲界第六天主，常为修道设置障碍；道教：指天上的魔怪；也是一种舞蹈：元代宫廷舞，宫女十六人，垂发辫、戴象牙佛关、披缨络，扮菩萨而舞。参阅《元史·顺帝纪六》

三七～中药，又称"田七、田三七、参三七"。有止血、化淤、治伤之功效。今日腰伤故浸泡而饮之。

醑～读 xu。药酒为"醑"。也可称美酒，出自宋代杨万里的《十月四日，同子文，克信，子潜，子直，材翁》："餐菊为糧露为醑，染雾作巾云作屦。"

归来去～晋陶渊明名篇《归去来辞》有句："吾不为五斗米折腰，拳拳事乡里小人邪！"

2023 年 12 月 9 日于维罗纳自寓

《鹧鸪天·独坐夕阳》

枯林黄草露寒荒，正合倦客避世狂。
闲数南来北往雁，日暮独坐看夕阳。

山岜岜，水茫茫。来去僦舟银几两？
请且暂驻莫急行，捎个游子归故乡。

注：

僦舟～出租的船。
银几两～多少钱。

2023 年 12 月 10 日于维罗纳阿拉根尼河

《江城子·摘白内障》

今预约摘除左眼白内障手术，晨女儿驱车载去指定医院。过程顺利，摘除手术仅二十分钟。目前视力已初步恢复。

寒晨云荫细雨霏，绕城畿，车马稀。
元女当驾，仍然乃俏擎。
外科医馆僻静处，红墙厦，座江沂。

222

眼生云翳今除帷，注吗啡，设帘帏。
妙手既得，刹那视息晖。
华髪依旧目不旧，抬眼望，望峻巍。

注：

元女～长女。
仍然～照样，还是如此。
倏翚～飞腾、迅捷。（指车行快。）
江沂～江边。
吗啡～指麻醉剂。

2023 年 12 月 11 日于匹兹堡滨水外科中心白内障专科

（Waterfront Surgery Center Cataract）

《虞美人·思念》

眼疾手术，蒙好友远怀，彼此彼此。

流水抚石声悠柔，莫惊沙岸鸥。
素云暖阳寒意消，只载一舟相思、寄远杳。

村院垆肆曾同醉，幽忆都是泪。
若非经年天人灾，早是御风骑鸿、朝尔来！

注：

幽忆～深藏心中的相思。

2023 年 12 月 12 日于维罗纳自寓

《踏莎行·理疗》

腰损急性期稍过，尊医嘱安排理疗，并自行水疗，感症状减轻。

腰脊劳损，劳损腰脊。
八旬老脊缩寸隙。
稍触神经痛彻骨，彻骨之痛深创剧。

裨益按摩，按摩裨益。
半截中腰方尺适。
僵肌舒展感身轻，身轻欣感心融释。

注：

理疗～专业理疗师，按摩推拿。
水疗～按摩热水池（Jacuzzi）、桑拿（sauna）、热水浴。

2023 年 12 月 13 日于维罗纳自寓

《七言·鹌鹑》

近日迎来小鸟三只，安置于新笼，铺软絮。今从宠物店购得虫尸干投食，经宠物店专业人士确认为 Quail，即"鹌鹑"。清扫时发现已产下小卵（蛋〇）一枚，即还与笼内，盼可孵幼雏。

三只小鸟名鹌鹑，
迎来着手围新囵。
柔絮虫尸居食安，
报产小卵待孵麟。

2023 年 12 月 14 日于维罗纳自寓

《七言藏头诗》

一西维吉尼亚州之歌唱家好友，知吾伤休特驾车两小时来慰问。感激之余，制诗一首。此歌唱家常受邀来匹兹堡演出。

杨柳依依声清籁，
长使闻者泪沾巾。
芬烈凌空姿绰约，
芳卿伉爽心灵真。

《七言·陋室居》

足伤腰损陋室居，上下困窘尚优余。
莫理乱世烂制事，勤读此生未读书。
睡醒先将浆粥煮，饭后或把园圃锄。
喂养雏鸟闲时趣，暂不呵驱三望车。

注：

上下～上下楼梯。

优余～绰有余力。

制事～政治、军事等重大事务。

三望车～六朝王公大臣所乘之车，分"可望""四望""三望"等等级，"三望"为高等级。此处"车"读 ju。自嘲旧车。

2023 年 12 月 15 日于维罗纳自寓

《满庭芳·八十虚度》

多年未见之老同学来电，互忆往事及叙同学之谊。

八十虚度，暮世光景，忧思渐趋沉吟。
余忆酸凄，总伤了寸心。
多少尴尬往事，再回首、涕泪沾襟。
俱往矣，生生死死，谭说到哑喑。

三杯通大道，一斗自然，百觚湎淫。
偻身残躯，都付与醪林。
祸福何来相依，既祸至、无福随临。
这世间，要避祸福，方外或究寻。

注:

三杯句～李白《月下独斟四首·天若不爱酒》:
"天若不爱酒，酒星不在天。
地若不爱酒，地应无酒泉。
天地既爱酒，爱酒不愧天。
已闻清比圣，复道浊如贤。
贤圣既已饮，何必求神仙。
三杯通大道，一斗合自然。
但得酒中趣，勿为醒者传。"
百觚～民谣:"尧舜千盅，孔子百觚。"觚，古代酒器。
湎淫～沉溺于酒。
醪～醇酒。
方外～尘世之外。

2023 年 12 月 16 日于维罗纳自寓

226

《江城子 · 邀友》

君居南地吾居东，难相逢，相思浓。
尔乃朱颜，吾早一衰翁。
岁月蹉跎谁能知，天和地，孤与穷。

此地春花秋叶红，夏不暑，冬也融。
山夷水缓，云居乔林中。
愿君吉日亲履临，驾龙车，展霓虹。

2023 年 12 月 17 日于维罗纳自寓

《打油诗 · 素馅饺子》

女儿一好友明日访，因喜食素菜饺子，女儿嘱吾制作之。

葱姜芸豆大白菜，金针木耳草香菇。
浸泡切剁碎如屑，油盐酱醋拌成糊。
机压面皮元宝状，钢锅滚水小电炉。
明日好友唯素食，一样美味吾役厨。

2023 年 12 月 18 日于维罗纳自寓

《唐多令·夜雪》

昨夜雨转雪，清晨白芒一片。

青女潜夜来，树草染色皑。
彻骨寒，八埏九垓。
却盼冽风吹老梅，更吹到、梅花开。

寂寞江岸台，独自赏青埃。
寒鸥约、还有谁来？
到得晚时对明月，和身影、三无猜。

注：

青女～传说中的雪神。

八埏九垓～天地终极之处。埏，此处读 yan，也可读 shan，极远之地。垓，读 gai，重、层。九垓，九重（层）之天。

青埃～青烟。

寒鸥约～与寒鸥订立盟约，指隐居。

无猜～无疑虑，不猜疑，互信。

2023 年 12 月 19 日于维罗纳阿拉根尼河畔

《七言·亡是公》

和海风诗社"海戈"兄绝句，步韵。海戈诗附晒一图片，孤舟仙山，极尽美丽，有感。

孤舟疑是来仙庭，
那处可有约盟鸥？
天涯逆旅无归路，
何如人道亡是叟。

注：

仙庭～仙人居所，仙境。

盟鸥～可约盟同住水乡的鸥鸟，指隐居。

亡是叟～不存在的人。

2023 年 12 月 20 日于匹兹堡 Paragon，Studios 学习班停车场

（送接学歌舞剧的外孙等候时间）

海戈原诗：

寒梅几簇凌霜挺，

弱柳三千剪水柔。

逆旅无涯归路远，

江流不尽诉乡愁。

（2023.12.21）

时间说明：

我与海戈有 13 小时时差，我比海戈晚 13 小时。海戈进入 21 日，我还在 20 日呐！

《清平乐·欲雪》

咫尺斗室，杂册书破帙。

戒尺规墨纸砚笔，坐望寒窗冬曦。

收心细临柳帖，手颤抖下乱迹。

冽风欲雪天时，不如端个酒卮。

注：

帙～包书的皮儿。

出自唐代杜甫的《晚晴》

村晚惊风度，庭幽过雨沾。

夕阳薰细草，江色映疏帘。

书乱谁能帙，杯干可自添。

时闻有馀论，未怪老夫潜。

曦～早上的太阳。

柳帖～柳公权的字帖。

巵～巵读 zhi，杯。

2023 年 12 月 21 日于维罗纳自寓

《虞美人·冬至》

绕天一载也晃悠，二十三度轴。

短晷星昴正仲冬，盼昶映姣俊俏玲珑缪。

此刻启数九九头，八十一日收。

那时万物正葱茏，亭前垂柳珍重待春风。

注：

晃悠～地球绕太阳公转一年，自转一周 24 小时，但还会以自己南北轴为中心偏转（晃悠）。

二十三度～地球偏转（晃悠）的幅度以南北轴为中心，偏转 23 度往复。这正是造成地球有春夏秋冬变化的原因。

短晷～晷，是古人用太阳影子测时间的工具，相当于现在的钟表。日影时间短，指白昼短。

星昴～昴星团。最著名的疏散星团之一。在天空所占面积仅有满月大，星团内数星周围有云雾状光辉。肉眼可见七颗，故称七姐妹星。古人就观察到此星团冬至时特别明亮。

缪～读 Mou，缠绵之意。

仲冬～农历十一月。对这段时间的天象，《尚书·尧典》中就有"日短星昴，以正仲冬"的记载，是说十一月冬至的白天最短，晚上天黑后正南方向可以看到昴星高挂。古人常把这一典故用在诗中，如南朝诗人傅亮的《冬至》，就有"星昴殷仲冬，短晷穷南陆"之句，后一句是"白天最短、太阳最南"的意思。

昶～白昼长。自创此句"盼昶映姣俊俏玲珑"每个字也是九划，表示对白昼渐长和春阳和熙春意玲珑的期待。

九九头～故人自冬至开始，设每九日一个阶段展示整个冬季的气候变化，共设九个九日。九九头，就是第一个九日的开始。

亭前垂柳珍重待春风～用这九个九笔划的字，写成空心字，每日填一个笔划，共填八十一日，冬天就过去了。此謂"九九消寒图"。民间有九九消寒歌："一九二九不出手；三九四九冰上走；五九六九沿河看柳；七九河开，八九雁来；九九加一九，耕牛遍地走。"

2023 年 12 月 22 日（冬至日）于维罗纳自寓

《清平乐·灞桥骑驴》

寒江望断，桥横疏林岸。
仲冬初月昏鸦唤，凫汀残芦零乱。

任尔灞桥骑驴，无雪也无诗绪。
只寄一船离愁，载去万里乡州。

注：

仲冬～农历十一月。
凫汀～聚集水鸟的江中小洲。
灞桥骑驴～典故出处：《北梦琐言·卷七》唐相国郑綮，尝典庐州。常去附近庙中，或留诗与照壁。一次老僧问："相国今有诗否？"郑綮答："诗思在灞桥风雪中驴子上，此处何以得之？"盖言作诗之苦心。

　　"诗思在灞桥风雪中驴子上"标志着灞桥意象由具体的情感指向到抽象诗思指称的转变。这种转变既基于灞桥意象本身的成熟与深化，又受到晚唐清冷枯寂、骑驴苦吟诗风的影响和推动，也成为宋元人吟咏不辍的诗思范式。

　　宋代的诗人们即使不能亲自到灞桥风雪中骑驴觅句，也直觉地喜欢以此来指称寻句写诗，显然，"灞桥风雪"和"灞桥骑驴"都非实指，而是寻觅诗思、搜寻诗料的另一种表达方式，"灞桥"成为宋人眼中的"诗思之助"。与唐人真正承载车马行迹与生动情感的灞桥有了区别，而成为一种抽象化的存在。

　　参考：

　　唐王维送别元二，跑到 50 里外的咸阳"灞上"这首诗被后人交相赞颂的送别诗，被人称为"灞桥诗"，长期以来脍炙人口：

　　渭城朝雨浥轻尘，客舍青青柳色新。

　　劝君更尽一杯酒，西出阳关无故人。

2023 年 12 月 22 日于维罗纳阿拉根尼河畔

《鹤冲天·欲雪暖意偏回》

　　西风缓，稠云灰，欲雪暖意偏回。
　　苦等新枝新蕾绽，几时开腊梅。

　　何事忙，逢年尾，岸头更无人迹。
　　飘来冷雨三两滴，复回治肴醳。

　　注：

　　肴醳～肉食醇酒。醳，读 yi。

2023 年 12 月 23 日于维罗纳阿拉根尼河畔

《江城子·平安夜》

12月24日，在信仰基督的各教派中，是为耶稣基督诞生之夜，称平安夜。但其母"玛丽亚"临盆之时却无安居之所，其父"约翰"临时找到一废弃马棚，以马之食槽为婴儿床，度过艰难时刻，此时于耶稣一家并不平安。（见《新约圣经·马太福音》第二章第一节起。）

> 平安之夜不平安，妇临产，此夜寒。
>
> 无处安居，寻个废马栏。
>
> 食槽暂作婴儿床，天降圣，如此难。
>
> 东方博士知祥端，千里行，报圣诞。
>
> 奇妙策士，全能神高翰。
>
> 永在和平掌人寰，赐平安，人间欢。

注：

东方博士～两个东方"博士"（或是星相家、学者）预知耶稣降生，专不远千里从东方赶去朝拜。（见《新约圣经·马太福音》第二章第一节起。）

高翰～高高在上。

奇妙策士等～耶稣诞生在古犹太人历史记载中多处出现。在耶稣诞生前（公元前）七百多年，犹太人先知"以赛亚"就预言"弥赛亚"将在七百年以后降生。此人的人格特质为："奇妙策士、全能的神、永在的天父、和平的君…。"（《圣经旧约·以赛亚书》第九章第六节。）

然而根据《新约圣经》记载的耶稣基督，正是具备上述人格特质的，因此2000多年来，耶稣基督成为世界信仰人数最多的宗教神。

2023年12月24日（平安夜）于维罗纳自寓

《七言·圣诞节》

今年无"白色圣诞"（雪），反而气温极高，日间达16摄氏度，形同春天。

东气和暖无六花，数九之时细雨斜。
道边老树疑抽枝，圃里蚕苗又长发。
恰逢耶稣降生日，相约友朋聚餐茶。
街角酒肆少人问，原来此节宜合家。

注：

六花～雪。

数九～从农历冬至日开始设九天为冬季的一个阶段，共九个九天冬季就过去了，故称为"数九"。现在在第一个"九"里。

蚕苗～蚕豆之苗。蚕豆是晚秋种下，春天成熟的作物。故冬季仍不断成长。

耶稣降生日～俗称圣诞节。但根据《圣经》原意，耶稣是从天而降，故称"降生"而非"诞生"。"诞生"是从地而生者，比如普通人类。一字之差，"神""人"殊异。

合家～合家团聚。西方圣诞节从崇拜耶稣，已转为宜合家团聚、崇拜。而非仅"大餐""狂欢""旅游""礼物"或"圣诞老人"也。

2023年12月25日（圣诞节）于匹兹堡女儿家

《七言·相见欢》

原居匹兹堡之一双青年才俊夫妇携子利用圣诞假期驱车约八小时来匹兹堡相见。

圣诞佳节冬气暖，二俊回聚老四川。
别离两载相见欢，黑丝白鬓续世缘。

2023 年 12 月 26 日于匹兹堡老四川饭店

《五言·摘右眼白内障》

因双眼生白内障，遵医嘱于 12 月 11 日先摘除左眼白内障，并预约于今日摘除右眼白内障。即于今日上午由长女陪送去外科手术之专业"滨水医院"，手术顺利。目前麻药减消，视力初步恢复。

双目老生翳，视物如蒙纱。
医嘱摘除易，我自遵奉他。
左眼先净明，右目今亮葩。
当助心脑灵，精敏辨正斜。

注:

亮葩～明亮放开。

2023 年 12 月 27 日于维罗纳自寓

《唐多令·洞视》

昨日双目做白内障摘除，今复查一切正常。视物明亮许多，至晴日需戴墨镜∞。

岁衰八十叟，闲数江边柳。
常拼凑，诗词两首。
谁管世谛真与否，只爱饮、几杯酒。

双目蒙阴黝，除翳有妙手。
激光刀、先左后右。
今至洞视更分明，美和丑、了辨剖。

注：

世谛～世俗之见。

2023 年 12 月 28 日于维罗纳自寓

《西江月·梦》

一载春夏秋冬，转瞬掠过无踪。
莫数几多苦劳重，只管手眼从容。

幸有三两嘉友，一时甘脆肥醲。
交畅欢笑庆相逢，还醒原来是梦。

2023 年 12 月 29 日于维罗纳自寓

《神情秀·乡书难》

窗外终日淫雨寒，出门冷，戴个巾冠。
风吹树梢轻，无人意阑珊。

朦胧云水遮重峦，东边水，空打江滩。
叹伤相思易，欲寄乡书难。

注：

神情秀～词牌名，又名"海棠春""海棠花""海棠春令"。

2023 年 12 月 30 日于维罗纳阿拉根尼河畔

《临江仙·祝新年》

以此《临江仙》祝远方近处的亲朋好友新年快乐！健康平安！

年尾年头只一瞬，却催白发苍鬓。
天野总有人雁阵。
芦洲聚凫鸥，与之得疏隽。

欲离俗世心难徇，都是交亲怀瘽。
偏有时节倍思亲。
唯有登高祝，愿祈平安讯。

2023 年 12 月 31 日于维罗纳自寓

2024

一月诗词

《长相思·除夕夜倒计时》

呼拉酒吧（Hula Bar）除夕夜庆祝活动，有摇滚乐队表演、倒计时和庆祝新年免费香槟。活动至凌晨两点结束。

除夕夜，聚酒肆。震耳摇滚任性恣，夜深情越炽。

齐声喊，倒计时，四五六七八九十，香槟干一卮。

注：

卮～卮，读 Zhi。古代，空置时就垂直口朝天，灌满酒就倾斜的一种盛酒器皿。也可作酒杯。

2024 年 1 月 1 日于维罗纳呼拉酒吧（Hula Bar）

《浪淘沙·2024 元日》

元日，此地雨夹雪。闻某某处地震，反招恶人幸灾乐祸；藉转年之际俄罗斯对乌克兰狂轰滥炸，极尽杀戮平民手段；红海处，恐怖分子无端攻击货轮。"新年快乐"之贺语淹没在一片惨绝人寰的凶像之中！

窗外雨夹雪 ，元日寒冽。旧年乱像曾了结？
因何地牛又肆虐，恸哭声噎。

新年难新悦，世妖更孽。几处战火燃愈烈。
留得去岁诅咒语，再续新阕。

注：

地牛～地震。一些地方俗称地震为"地牛翻身"。
阕～诗、词或歌。一首即一阕。

2024 年 1 月 1 日于匹兹堡女儿家

《七言·读陶渊明自喻》

与世浮沉百年中，去处已尽终一空。
历程万里全跌磋，读书万卷半会通。
年少憧憬剩梦余，僻老独醒识固穷。
蜷缩乡隅装悠然，也学古贤酒一盅。

注：

僻老～孤陋而年老。
固穷～《论语·卫灵公》："君子固穷，小人穷斯烂矣。"形容
甘于贫困，不失气节之人。
魏晋陶渊明《饮酒·十六》：
少年罕人事，游好在六经。
行行向不惑，淹留遂无成。
竟抱固穷节，饥寒饱所更。
敝庐交悲风，荒草没前庭。
披褐守长夜，晨鸡不肯鸣。
孟公不在兹，终以翳吾情。
乡隅～乡村偏僻处。

悠然～陶渊明《饮酒·其五》
结庐在人境，而无车马喧。
问君何能尔？心远地自偏。
采菊东篱下，悠然见南山。
山气日夕佳，飞鸟相与还。
此中有真意，欲辨已忘言。

2024 年 1 月 2 日于匹兹堡女儿家

《唐多令·怎抵亲躬》

日月岁匆匆，生死一梦中。
叹悲欢、古来与同。
昆仑黄河九衢路，难历尽，力有穷

为时难相逢，网线接远鸿。
如面情、怎抵亲躬？
北海南冥九万里，鲲鹏怒，破昊穹。

注：

为时～从时间看。

如面～如见面（不是亲见面），书信用语。

南冥、鲲鹏～《庄子·逍遥游》：北冥有鱼，其名为鲲。鲲之大，不知其几千里也；化而为鸟，其名为鹏。鹏之背，不知其几千里也；怒而飞，其翼若垂天之云。是鸟也，海运则将徙于南冥。南冥者，天池也。《齐谐》者，志怪者也。《谐》之言曰："鹏之徙于南冥也，水击三千里，抟扶摇而上者九万里，去以六月息者也。"

2024 年 1 月 2 日于匹兹堡女儿家

《更漏子·火锅》

晚餐与女儿家在老四川品尝新设之火锅餐。

毛牛肚，肥羊膜。
腐乳麻酱调酢。
再加个，牛肝臁，五云浆肉藿。

繁星烁，残月落。
谁管寒夜也美。
锅底火，桌上酌，合家小欢乐。

注：

臁～读 jue，牛舌。
五云浆～美酒。北周庚信《温汤碑》："其色变者，流为五云之浆。"后以此称美酒。
藿～豆叶。也指粗劣的蔬菜。

2024 年 1 月 3 日于匹兹堡老四川饭店

《浣溪沙·与好友饮》

百年生死有困身，悲欢离合总伤魂。何必放言争世论。

眼前高朋正满溢，万里义友倾怀恩。三杯下肚出诗痕。

注：

诗痕～诗意。

2024 年 1 月 4 日于匹兹堡老四川饭店。

《忆江南·阿江东》

日落处，霞映满江红。
冬暮气寒欲凝冰，信凫归巢枯芦丛。
人在阿江东。

注：

阿江～贯穿宾夕法尼亚州东北至西南的阿拉根尼河。

2024 年 1 月 5 日于维罗纳阿拉根尼河畔

《七言·小寒》

晓临寒窗残月西，时逢三九冰雪齐。
节序原来催人老，冬至过后小寒氐。

注：

三九～数九寒天中的第三九，三九在小寒节气中。
氐～抵达，氐同抵。
小寒～农历二十四节气中最后第二节气。之后的大寒是全年最
后一个节气，也就是农历一整年就过去了。

2024 年 1 月 6 日于维罗纳自寓

《七言·暮江》

垂暮寒色更寂寥，野岸昏鸦啼树梢。
既是行舟不回乡，莫怪西风不给潮。

2024 年 1 月 7 日于维罗纳阿拉根尼河畔

243

《江神子·暖雪》

今日小寒，早初阳，至午起突降暖雪。暖雪者，气温尚高（摄氏零度以上），由雨转雪。故雪含雨水，成团落下。

早晨初阳软厌厌。

浓云起，出门瞻。

团雪如絮、纷纷堆屋苫。

披氅携铲雪中舞，净行路，撒上盐。

时暖成雪水足霑。

落地重，更稠黏。

一把老骨、只有迤迤渐。

晶珠闪忽白鬖鬖，一碗羹，一杯酟。

注：

屋苫～苫，读 shan。席状的屋瓦，指"油毛毡"的屋瓦。

撒盐～撒盐为化雪和防滑。

酟～酟，读 tian。甜酒。

2024 年 1 月 6 日于维罗纳自寓

《蝶恋花·宵醉》

流年光景闪如电。

应时凌雪，飘来融湿面。

万里灰云随天远，天远尽处是故园。

端出微凹丹石砚。

照着谱帖，无心胡乱练。

又是笙鼓仙韶院，昨宵索性醉迷倦。

2024 年 1 月 8 日于维罗纳自寓

《七言·读史》

公元 1127 年 1 月 9 日，金国攻陷宋国都汴梁，掳去皇帝宋钦宗和太上皇宋微宗。

几回华夏曾丧国，历来沦于北狄多。
九百年今汴梁陷，一双孤寡钦徽掇。
英宗亲征土木堡，平西王源平西伯。
满清割出江东屯，可断日后什结果。

注：

北狄～传统上中华以中央大国自居，称四方外邦为"东夷、西戎、南蛮、北狄"。

孤寡～皇帝自称"孤""寡人""朕"等。

钦徽～宋钦宗、宋徽宗连称。

英宗句～1449 年明朝明英宗朱祁镇御驾亲征北伐瓦剌后退途中，于北直隶宣府镇土木堡（今河北省张家口市怀来县境内）遭遇瓦剌军袭击，惨败被俘的事变。

平西王句～指吴三桂在明朝被封为平西侯，献出山海关投降清兵后被清朝皇帝封为平西王。（老朽始终认为所谓清朝，就是在亡于蒙古人成为亡国奴后，中华民族又一次沦为亡国奴！）

江东屯～江东六十四屯。位于黑龙江左岸（北岸），面积 3600 平方公里。1900 年发生义和团运动，清朝政府无暇兼顾东北情势，俄国以义和团破坏东清铁路为借口遂派兵制造江东六十四屯惨案和海兰泡惨案。在清朝与俄罗斯帝国签订的《北京条约》江东四十六屯被俄国侵吞。（清朝末年俄罗斯共侵吞包括分裂外蒙古在内共五百多万平方公里的清朝土地）。

2024 年 1 月 9 日于匹兹堡雪尔镇

《七言·暖冬问梅》

暖冬不知寒客意，三九迎来水青女。
绽放枝头留不住，如何冽冽笑百媚。

注：

寒客～腊梅的别称。

三九～数九寒天之第三个九天，原应是最寒冷的时间。（但今年至今不冷）

水青女～夹着水份的雪。

绽放～指累积在树枝上的雪花。

笑百媚～这个腊梅开的花。（腊梅喜寒，冷冽时开放）

2024 年 1 月 10 日于匹兹堡雪尔镇

《五言·霞山》

朝霞托初阳，山屋人孤常。
林树曲仄径，落叶腐柔穰。
独悟陶令意，闲惊野鹿惶。
天地一微尘，宁爱醉一觞。

注：

仄径～狭窄的小路。

柔穰～腐烂中柔软的草、叶。

2024 年 1 月 11 日于匹兹堡女儿家后院山林中

《七言·无兴》

淫淫冷雨去又回，寒江东来水喧豗。
搓手呵笔凑诗句，无兴还是寻酎醅。

注：

酎醅～美酒。

2024 年 1 月 12 日于维罗纳自寓

诗词两首

《七言·雪中驾车》

慎驾一车行如蜗，驶向城北过阿河。
道上风乱迷雪白，屋前跐滑大斜坡。
冬隆寒冽催寒梅，时乖嘲褒吟嘲歌。
余生光景都给酒，醉中还有梦一柯。

注：

阿河～阿拉根尼河。
嘲褒～嘲弄褒玩。
梦一柯～南柯一梦。梦中欢愉，梦醒皆空。

2024 年 1 月 13 日于匹兹堡雪尔女儿家

《阮郎归·冷雨又黄昏》

山风琼芳又黄昏，峦顶灰云纷。
几声寒鸦飞归林，近在书阁闻。
七事繁，世事乱，懊恼此凡尘。
而今悖耄方知忻，留点史阙文。

注：

琼芳～雪。

七事～指日常生活之开门七件事：油、盐、酱、醋、茶、米、菜…等。

悖耄～老朽昏庸。

知忻～知察。

史阙文～史书上阙而不书或缺漏的文字。出之《论语·卫灵公》："吾犹知史之阙文也。"

2024 年 1 月 13 日于匹兹堡雪尔镇女儿家

《浪淘沙·一刹情缘》

夜雪晨晴。

野岸雪中船，飞絮翩翩。
毡瓦斜白袅炊烟。
鸥凫芦洲也惧寒，急早宿眠。

世情一丛然，转瞬华颠。
初阳破云也娇妍。
青女应知春秋序，一刹情缘。

注：

丛然～杂乱不一。

华颠～白发。

青女～雪神。

2024 年 1 月 14 日于维罗纳阿拉根尼河畔

《七言·腊梅》

暖冬已误寒客期，雪来初绽一两枝。

三九四九莫恨晚，七朵八朵半开时。

一向孤芳伴孤松，何曾世俗应世事。

空山初月正幽独，无酒也醉吟新诗。

注：

寒客～腊梅别称。

2024 年 1 月 15 日于维罗纳自寓

《七言·未得闲》

前周女儿家出游，留守与四狗俩猫相伴，经两场雪。

自谓闲时未得闲，相伴猫狗逗趣顽。

晓看初月落西岭，夜听风雪压尘寰。

凝待梅蕾腊色雅，只惭苍鬓依稀斑。

冰絮岂知人意冷，片片飞来洗尘颜。

2024 年 1 月 16 日于维罗纳自寓

《七言·夜雪》

昨夜一场大雪，极冷。

夜来琼妃下九霄，丝衾玉褥覆迤遥。
近街远路车行慢，柴扉后巷足迹娆。
云巢唯恐高枝折，凫窝只怕融水潦。
万片千絮成诗意，七言八句纸上描。

注：

琼妃～雪的别称。
娆～读 rao。娇柔。雪中行走取平衡状。
云巢～大树高处的鸟巢。
凫窝～水鸟的窝。
潦～停聚的水。

2024 年 1 月 17 日于维罗纳自寓

《七言·和一首》

步韵

寒到冽时梅自芳，知音万里莫嫌长。
他日华胥真如梦，与君共嗅玉蕊香。

注：

华胥～"华胥一梦"或"一梦华胥"。出于《列子·黄帝》："[黄帝]昼寝而梦，游于华胥氏之国。华胥氏之国在弇州之西，台州之北，不知斯齐国几千万里；盖非舟车足力之所及，神游而已。"

玉蕊～梅花的别名之一。

2024 年 1 月 17 日

友人原诗：

积雪消来梅未芳
深园孤影恨冬长
繁星点点皆残梦
一片春花落纸香
……

《清平乐·月映雪意》

月映雪意，仿佛正天醉。
青女婵娟求寤寐，一刹凝眸浥泪。

林深山静幽雅，几声寥落寒鸦。
夜却凛风越紧，明日看取梅花。

注：

天醉～非饮酒而如醉。
玉英～雪的别称。
婵娟～月亮的别称。
寤寐～寤，醒；寐，睡。《诗经》："窈窕淑女，寤寐求之。"
浥泪～被泪水沾湿。

2024 年 1 月 18 日于维罗纳自寓

《临江仙·大雪酒肆》

大寒正逢大雪飞，夜来半月映帏。
一色银光催鸟啼，寒气心沁爽，冰溜房檐垂。

伫听酒肆声闻微，原来歌奏清悲。
闲话年景祝杯酒，今年无好意，明年莫相违。

2024 年 1 月 19 日于维罗纳"呼啦吧"（Hula Bar）

《菩萨蛮·五日雪》

极地寒流三千里。挟裹风暴卷地徙。
何处不降服，五日严雪砥。

莫信虚妄言，气候本不暖。
人顺上天意，自然获祯瑞。

2024 年 1 月 20 日于维罗纳自寓

《七言·赞雪》

连日雪，读古人吟雪之诗、词、文、句、题，见雪之别名甚多，摘录于后。或挂一漏万，愿诸君补充之。

古来飞雪惹人思，
美称用遍丽雅词。

寒青素琼六英玉，
掩尽俗尘展仙姿。

注：

天花～闻一多《雪》："夜散下无数茸毛似的天花，织成一片大氅。"

六英～宋李纲《次韵志宏见示春雪长句》："那知忽作三尺雪，草木洗尽群芳空。六英飘舞片片好，谁与刻削嗟神工。"

六出～《宋书·符瑞志下》："草木花多五出，花雪独六出。"

六出公～《东阳夜怪》："爱此飘飘六出公，轻琼冷絮舞长空。"

六出花～宋之问《奉和春日玩雪应制》："琼章定少千人和，银树长芳六出花。"元白朴《天净沙·冬》："门前六出花飞，樽前万事休提。"清周亮工《雪舫再送元润返白门》："入梦三眠柳，移情六出花。"

六花～贾岛《寄令狐绹相公》："自著衣偏暖，谁忧雪六花。"宋楼钥《谢林景思和韵》："黄昏门外六花飞，困倚胡床醉不知。"元无名氏《渔樵记》："我则见舞飘飘的六花飞，更那堪这昏惨惨的兀那彤云霭。"纳兰性德《清平乐》："六花斜扑悚帘，地衣红锦轻沾。"

六蒪～唐李咸用《和人咏雪》："轻轻玉叠向风加，襟袖谁能认六蒪。高岫人迷千尺布，平林天与一般花。"

六霙～明陆采《怀香记·承明雪宴》："严风起，六霙飘，建章宫阙积琼瑶，尽道梅花芳信到。"

玉龙～唐代吕岩《剑画此诗于襄阳雪中》："岘山一夜玉龙寒，凤林千树梨花老。"宋人张元的《雪》诗："战败玉龙三百万，败鳞风卷满天飞。"

玉英～苏轼《减字木兰花·雪》："云容皓白，破晓玉英纷似织。"

玉蕊～金 元好问《续夷坚志·虞令公早慧》："虞令公仲文质夫四岁，赋《雪花诗》云：'琼英与玉蕊，片片落阶墀。'"

玉沙～苏轼《小饮清虚堂示王定国》："天风渐渐飞玉沙，诏恩归沐休早衙。"范成大《次韵陈仲思经属西峰观雪》"起望天南陲，玉沙满长风。"

玉尘～白居易《酬皇甫十早春对雪见赠》："漠漠復雾雾，东风散玉尘。"陆游《雪后寻梅偶得绝句》："定知謫堕不容久，万斛玉尘来聘归。"《群音类选·断发记·淑英走雪》："我只见洒玉尘，滚银沙，满空鸾鹤，顷刻里青山已老。"

玉龙～唐吕岩《剑画此诗于襄阳雪中》："岘山一夜玉龙寒，凤林千树梨花老。"宋张元《雪》："战退玉龙三百万，败鳞残甲满空飞。"《水浒传》第十一回："玉龙酣战，鳞甲满天飘落。"秋瑾《齐天乐·雪》："朔风萧瑟侵帘户，谁唤玉龙起舞。"毛泽东《念奴娇·昆仑》："飞起玉龙三百万，搅得周天寒彻。"

玉鸾～杨万里《早朝紫宸殿贺雪呈尤延之》："雪妃月姊宴群仙，珠阁银楼集玉鸾。老子看收不彻，梅梢拾得水晶盘。"辛弃疾《水调歌头·吴江观雪》："造物故豪纵，千里玉鸾飞。"

玉蝶～元华幼武《春雪》："腾喜满天飞玉蝶，不嫌幽谷阻黄莺。"清赵翼《途遇大雪》："化工何处万剪刀，剪出玉蝶满空舞。"

玉蛾～元薛昂夫《端正好·高隐》套曲："须臾云汉飘白蕊，咫尺空中舞玉蛾。"

玉花～宋苏舜钦《小酌》："寒雀喧喧满竹枝，惊风渐沥玉花飞。"陆游《九月十六日夜梦觉而有作》："朔风卷地吹急雪，转盼玉花深一丈。"元陈浮《江天暮雪》："长空卷玉花，汀洲白浩浩。"

玉絮～司马光《雪霁登普贤阁》诗："开门枝鸟散，玉絮堕纷纷。"元王仲元《斗鹌鹑·咏雪》："玉絮轻持，琼苞碎打，粉叶飘扬，盐花乱撒。"

玉妃～唐代韩愈《辛卯年雪》诗："白霓先启途，从以万玉妃"。

琼花～唐皮日休《奉和鲁望早春雪中作吴体见寄》："威仰噤死不敢语，琼花云魄清珊珊。"杨万里《观雪》："落尽琼花天不惜，封他梅蕊玉无香。"元吕止庵《集贤宾·叹世》："到冬来落琼花阵阵飘，剪鹅毛片片飞。"陈毅《蝶恋花·访问亚洲三国喀布尔望雪山》："一望琼花争怒放，飞越群山，人喜从天降。"

琼芳～李贺《十二月乐辞·十一月》："宫城团回凛严光，白天碎碎堕琼芳。"

琼琚～明茅平仲《夜行船序·宴蓟镇宛在亭四景》套曲："风渐寒同云密布，雪乱舞满地琼琚。"

琼瑶～《镜花缘》："只见朔风凛凛,冷气嗖嗖,却已琼瑶密布,飘下一天雪来。"

琼英～唐裴夷直《和周侍御洛城雪》："天街飞辔踏琼英，四顾全疑在玉京。"金元好问《续夷坚志·虞令公早慧》："（虞令公）赋《雪花诗》云：'琼英与玉蕊，片片落阶墀。'"

琼妃～元张可久《霜角·新安八景·黄山雪霁》："云开洞府，按罢琼妃舞。三十六峰图画，张素锦，列冰柱。"

琼葩～唐刘禹锡《游桃源一百韵》："青囊既深味，琼葩亦屡摘。"明唐寅《步步娇·冬景》词："消息探梅梢，见璚葩的皪开偏早。"清陈维崧《看花回·大悲阁上看玉兰花》词："梵阁斜盘碧磴，恰千点琼葩，珑珑缠结。"

琼苞～宋郭应祥《念奴娇·次贾子济韵》："琼苞玉屑，问天公、底事乱抛轻坠。"元王仲元《斗鹌鹑·咏雪》："玉絮轻摶，琼苞碎打，粉叶飞扬，盐花乱撒。"

碎琼～元张宪《听雪斋》："万籁入沉冥，坐深窗户明；微于疏竹上，时作碎琼声。"

寒酥～徐渭《谑雪》："一行分向朱门屋，误落寒酥点羊肉。"徐渭《梨花》："朝来试看青枝上，几朵寒酥未肯消。"

寒英～范仲淹《依韵和提刑太博嘉雪》："昨宵天意骤回复，繁阴一布飘寒英。裁成片片尽六出，化工造物何其精。"

乾雨～唐李咸用《大雪歌》："同云惨惨如天怒，寒龙振鬣飞乾雨。"

雨冻、

凝雨～南朝沈约《雪赞》："独有凝雨姿，贞晼而无殉。"

素液、

素尘～李商隐《残雪》："旭日开晴色，寒空失素尘。"

银纱～前蜀韦庄《夜雪泛舟游南溪》："两岸严风吹玉树，一滩明月晒银砂。"郑板桥《山中卧雪呈青崖老人》："一夜西风雪满山，老僧留客不开关。银沙万里无来迹，犬吠一声村落闲。"

仙藻～唐李峤《游禁苑陪幸临渭亭遇雪应制》："六出迎仙藻，千箱答瑞年。"唐张说《奉和圣制＜野次喜雪＞应制》："欲验丰年象，飘摇仙藻来。"

璇花～唐徐彦伯《游禁苑幸临渭亭遇雪应制》："琼树留宸瞩，璇花入睿词。"

银粟～杨万里《雪冻未解散策郡圃》："独往独来银粟地，一行一步玉沙声。"

瑞叶～宋刘攽《中山诗话》："海陵人王纶女……《吟雪诗》云：'何事月娥欺不在，乱飘瑞叶落人间。'"宋范成大《雪后雨作》："瑞叶飞来麦已青，更烦膏雨发欣荣。"

瑞白～宣和初载元冬尾,瑞白才消尘不起。——元·马熙载《预赏元宵曲宴近臣诗》

冷飞白～宋陶穀《清异录·天文》："老伶官黄世明常言逮事庄宗，大雪内宴，镜新磨进词，号曰冷飞白。"

梨花～唐岑参："北风卷地白草折，胡天八月即飞雪。忽如一夜春风来，千树万树梨花开。"

积素～唐王维："寒更传晓箭，清镜览衰颜。隔牖风惊竹，开门雪满山。洒空深巷静，积素广庭闲。借问袁安舍，俨然尚闭关。"

冰霰～唐王昌龄的《从军行》："万里云沙涨，平原冰霰涩。"

青盐～明汪琬："荒村古堞卫河滨，箬裹青盐艇作邻。"

撒盐、柳絮～《晋书·王凝之妻谢氏传》及《世说新语·言语》谢太傅寒雪日内集，与儿女讲论文义。俄而雪骤，公欣然曰："白雪纷纷何所似，"兄子胡儿曰："撒盐空中差可拟。"兄女曰："未若柳絮因风起。"公大笑乐。即公大兄无奕女，左将军王凝之妻也。

附：摘古人咏雪句

"瑞叶飞来麦已青，更烦膏雨发欣荣。"宋·范成大《雪后雨作》

"玉软云娇，姑射肌肤洁。"宋·赵鼎《蝶恋花·一朵江梅春带雪》

"欲验丰年象，飘摇仙藻来。"唐·张说《奉和圣制》

"须臾云汉飘白蕊，咫尺空中舞玉蛾。"元·薛昂夫《端正好·高隐》

"千钟圣酒御筵披，六出祥英乱绕枝"唐·李峤《上清晖阁遇雪》

"两岸严风吹玉树，一滩明月晒银砂。"唐·韦庄《夜雪泛舟游南溪》

"皇穹何处飞琼屑，散下人间作春雪。"唐·无名氏《白雪歌》

"细绕回风转，轻随落羽浮。"唐·钱起《禁闱玩雪寄薛左丞》

"雪飞当梦蝶，风度几惊人。"唐·王烈《雪》

"洒散千株叶，销凝九陌埃。"唐·令狐楚《省中直夜对雪寄李师素侍郎》

2024 年 1 月 21 日于维罗纳自寓

《七言·回暖》

加拿大地寒流南侵，令美国中东北部数十州受严寒风雪影响，今日开始回暖。

酽冷东北三十州，原来极地生寒流。
连日风雪掩俗尘，满江冰封断舟游。
窝家暂停学校课，出门难为生计谋。
趁闲还些文字债，回暖再去赴应酬。

2024 年 1 月 22 日于维罗纳自寓

《克利夫兰双英》

今天与朋友一起驱车 140 英里，从匹兹堡到克利夫兰，拜访声名遐迩的黄唯律师，事先预约，朋友需要当面请教一些相关法律问题。

由于是第一次面见黄律师，故早就拜托在克利夫兰的《伊利华报》主编浦瑛女士推荐沟通。浦瑛和黄律师份属好友，在预约的时间特地赶过来彼此见面。

对于面见这位律师，我朋友正襟危坐，有点紧张。但黄律师风趣随和、平易近人的个人风格，立即就使气氛祥和融洽。需要咨询的法律问题黄律师烂熟于胸，给出极其专业的指导，令我朋友一解初始紧张的心情，放松地获得需要的专业意见。

整个交谈像是在拉家常。

黄律师和浦瑛，一位是著名律师，拥有远近闻名的律师事务所；一位是界跨三州的《伊利华报》的主编，都是事业有成的女中翘楚。

但有谁知道她们早年来美国读书打拼，都是从餐馆洗碗开始！和七、八十年代来美国读书创业的大多数华人学生一样，这么一点点、一点点地努力、坚持，经历挫折，取得成就，成为美国社会不可或缺的一员，不得不令人生敬畏之心。

卅年坎坷鬓未斑，克利夫兰双英娴。

传媒法律称冠座，如何华女不震寰？

注：

冠座～盖过在座之人。

前几天又发生一起两位在"蛊虼"（google）任职的"清华生"的家庭惨案，丈夫把妻子杀了。不知道什么原因，但比起早一代来美国读书打拼的学生，现在来美国读书的学生，环境不知道优越多少？但不可思议的事件却时有耳闻，这是怎么了？

2024 年 1 月 23 日于维罗纳自寓

《阮郎归·健身房》

寒风吹雨云遮山，冬来总是闲
残雪消融如泪潸，三江汇澶湲。

蒸汽浴，桑拿房，冲浪水澎寰。
皂液香沫洁糙肤，轻除小恫瘝。

注：

澶湲～水徐徐地流。
澎寰～水急冲且循环。
恫瘝～病痛。

2024 年 1 月 24 日于匹兹堡 LA Fitness（健身房）

《七言·雨雪霏纷，时事有感》

见信息平台总有捧"法西斯獏獍"的"貂瘃"分子有感。

冬雪冬雨两相侵，
雪妆玉砌雨潦霪。
一温之差刚柔异，
世间多少人如禽。

注：

獏～獏，读 pu。中国古代边缘地区一种民族。
獍～獍，读，jing。传说中一种食父、食母的野兽。

貀～貀，读 na。猵貀獸。可能就是海狗，兽头鱼体，见者勿疑。
瘁～瘁，同瘁，读 cui。疾病、劳累。

2024 年 1 月 25 日于维罗纳自寓

《七言·腊月仲冬暖》

一半雨晴夜足躇，轻风闲云映望舒。
何以今日暖似春，料得明朝寒如初。

注：

足躇～停步、歇脚。
望舒～传说中为月亮驾车的神，也指月亮。

2024 年 1 月 26 日于维罗纳自寓

《七言·和海戈兄》

游子欲归唯梦酬，
如何万里渡乡州？
倘使北溟鲲鹏在，
也恐展翅难启收。

2024 年 1 月 27 日于维罗纳自寓

海戈原诗：
七绝 登拔云搂
游子当归别梦酬，

260

和风朗日上端州。
披云鹤去飞檐在，
四面春光放眼收。

(2024.1.28)

《七言·养鹌鹑》

月前收养一公俩母鹌鹑，为之筑笼建舍，铺上柔软木花，喂以杂粟、蟲干🐛，日日清舍换水。数日后竞相产卵，约三日两只，己积卵二十余只。旋购孵化恒温器一具，几日前开始孵化，未知可否成功？

愚老有闲寻事忙，筑笼建舍养鹌鸽。
一把碎粟做刍食，千条蟲干增营养。
罐中清水日日换，腹下柔屑时时穰。
三日产出两小卵，购得孵器代母娘。

2024 年 1 月 27 日于维罗纳自寓

《七言·余寒》

余寒催集江信鸥，江中巡翔绕汀洲。
最是岁月催人老，催我信鸥共白头。

注：

余寒～大寒之后尚未回暖之时。

2024 年 1 月 28 日于维罗纳阿拉根尼河畔

261

《菩萨蛮·行车见虹》

虹，天之桥也。由虹及桥，由桥及鲁班造桥，由鲁班造桥及赵杲，由赵杲及人生。

西风丝雨渡寒桥，阿江东来水潇潇。
天远一轮虹，报知夜雨沖。

搔首头更白，相思因久客。
虽人苍颜老，幸莫学赵杲。

注：

阿江～指流经宾州的阿拉根尼河。

雨沖～雨哗哗地下。（气象规律：虹代表空气中水蒸气含量高，将有大雨）

赵杲～杲，读 gao。也叫赵老、赵巧。传为鲁班之徒。鲁班欲建大桥，为防龙王干扰，制两座灯台命杲赠龙王，杲把一座内藏夜明珠、外观漂亮灯台，藏于怀中私带回家，遂刚出龙宫即葬身涛中。（指贪婪之意）

2024 年 1 月 29 日于维罗纳自寓

《浣溪沙·为百日女孩庆生》

奉好友嘱，为其客之女"百日庆宴"书红贴吉辞。因先有一子，故书对联："桂子已荣；海堂又发。"横批"百日百岁"；中堂书"吉祥"俩隶体大字。

执笔龙蛇走红笺，奉嘱贺喜百日娟。
搜寻枯肠撰诗联。

先赞世子丹桂荣，再誉掌珠海棠仙。

射雀瑞征乘龙缘。

注：

丹桂～桂树的一种。《晋书·郤 qie 诜 sh 传》武帝问郤诜："卿自以为如何？"诜对曰："臣举贤良对策，为天下第一，犹桂林之一枝，昆山之片玉。"后以"丹桂"比喻秀拔人才。故旧时科举中第谓之"摘桂"、也称人的儿子为"桂子"取吉利的意思。

另传说月亮中有桂树，故以"丹桂"比喻月亮。祝贺别人科举中第，谓"月中折桂"。

掌珠～掌上明珠，指女儿。

海棠仙～女儿的美称。

射雀～锦屏射雀。射一个屏风上画着的孔雀。选取优秀女婿的一种方法。

乘龙～乘龙快婿，优秀的女婿。

2024 年 1 月 30 日于维罗纳自寓

《浪淘沙·梦》

何梦最难留？云水乡州。

离情欲休总不休。

山川依旧人事异，来去难酬。

人在万里外，却如染眸。

似真似幻似悠游。

神仙难解古今痴，盟我信鸥。

注：

染眸～映入眼帘。

信鸥～随潮水涨落而来去有定时的鸥鸟，与之结盟指隐居。

2024 年 1 月 31 日于维罗纳自寓

二月诗词

和诗友诗词三首：

《五言·冬夜》

为和海渊、海牙诗，步韵。

残月担商参，银汉照孤心。
白云百千里，清江亿万林。
花飞诗吟雪，风啸声抚琴。
不觉娥眉斜，顷忽夜已深。

注：

商参～商、参二星。
娥眉～农历二十三四的残月。

2024 年 2 月 1 日凌晨于维罗纳自寓

海渊原诗：
歲末有感步韻王維酬張少府
歲末多蕭廖，易成浮客心。
寸箋鋪翰墨，薄履繞枯林。
屈指盤餘事，傾囊惜曩琴。
但歌生意久，不問道窮深。
2024.2.1，五律

海牙原诗：

《岁末风雨前独自登山》

跑群近日号召跑山，新挑战，心痒难耐但人菜，力有不逮。暴风雨将至，一早闲来，想趁雨前小小蹓跶一圈凑一下跑群的热闹，跑了一个糖包子小山。上山时风渐起，但是还暖和，下山时发现通到水坝的小路已经泥泞，径旁溪谷水色浑浊。暴雨未至而山谷已显痕，跟随堂主步韵王维酬张少府，诗云：

不敢尚孤绝，时来多从心。

身闲无一事，投迹向山林。

云势浮鹰翼，松风代碎琴。

晨清寒未起，径短浊溪深。

1/31/2024

《五言·百年一瞬间》

和雨灵诗，步韵。

人生乐是苦？

吃米和吃盐。

一头白髪满，

百年一瞬间。

2924 年 2 月 1 日于维罗纳自寓

雨灵原诗：

《五绝·岁末时感》

酒里三分苦，

锅中两把盐。

一窗风雪满，

灯火照人间。

《如梦令·靡》

谢雨灵贺年词，同曲牌步韵和之。

折腰只为斗米，
人生是场悲喜。
成败一风吹，
两个鼻孔出气。
刀蜜刀蜜
不如从风而靡。

注:

刀蜜～贪小失大、利少害多。《语本·四十而章经》:"才色之与人，譬如小儿贪刀刃之蜜，甜不足一食之美，染有截舌之患也。"
靡～这里作"倾倒"解（随风而倒伏）。

2024 年 2 月 1 日于维罗纳自寓

雨灵原词:
如梦令·腊月二十三（新韵）
盘点一年谷米，
掂量心中悲喜。
唢呐挺腰吹，
灶上堂前争气！
抹蜜，抹蜜，
尝个梢头好柿。

《打油诗·辞灶》

农历腊月（十二月）二十三、四，传说中灶王爷辞灶上天庭例行向玉皇大帝汇报人间善恶，曰"辞灶"。

灶王爷爷本姓张，友仁兄弟是老乡。
腊月廿三上天庭，四时八节递奏章。
先烧一柱诚心香，再抹二两蜂蜜糖。
玉皇跟前言好事，回来依然做灶王。

注：

姓张～传说中灶王爷姓张。与玉皇大帝同姓。

灶王爷姓张，实际上来源于明清，据说灶王爷名叫张单，又名隗，字子郭，其妻丁香。张单经商发了财后移情别恋于妓女海棠，还把丁香休了，连孩子都不要，丁香改嫁一砍柴郎。

张单整天花天酒地，很快败光。海棠也在一次失火把家烧没了之后跑了，张单只好以讨饭为生。有一年腊月二十三的时候，他讨饭到了丁香家，遇到丁香羞愧难当，一头钻进灶门里憋死了。玉皇大帝知道了这事儿，觉得张单还知道羞愧，就封他为灶王，可见灶王爷本也是渣男。

友仁～玉皇大帝叫张友仁。无根据与灶王爷有直接血缘关系。既是同姓，称兄弟可也。

蜂蜜糖～供灶王之家，在灶王爷辞灶前，敬香和在灶王爷嘴上抹蜜糖，让灶王爷在向天庭奏报时只说好话。可见"行贿"古已有之，是中华民族文化传统，国粹。既有"行贿"，则必有"纳贿"，存在即"真理"吗？

说明：

传说中，灶王爷是玉皇大帝派遣到人间考察一家善恶，左右随侍两神，分别捧"善罐"和"恶罐"，将一家人所做善事恶事记录罐中。灶王爷的原型很多：

《事物原会》中说"黄帝作灶，死为灶神"。意思是黄帝发明了灶，死后被尊为灶神。

《淮南子·泛论篇》中说"炎帝作火而死为灶。"灶王爷的原型又成炎帝。

《周礼》里"颛顼氏有子曰黎，为祝融，祀以为灶神。"灶王爷又变成火神祝融了。

《仪礼·特牲馈食礼》中"卒食而祭爨、雍爨"，"爨者，老妇之祭也。"灶神直接变成女性了。

《荆楚岁时记》中"灶神姓苏名吉利，妇姓王名抟颊。"说灶王爷叫苏吉利，灶王奶奶叫抟颊。灶王爷的性别倒是变了回来，但又多了个灶王奶奶。

2024 年 2 月 2 日于维罗纳自寓

《匹兹堡中华文化中心的农历新年庆祝活动》

美国没有东方文化习俗的农历新年假期，关于华人社区举办农历新年庆祝活动，都是由华人社区中热心人士自发举办农历新年的庆祝活动。

立春节气之际"匹兹堡中华文化中心"举办了大型文艺演出。

在晚上七时文艺演出之前的下午四时，"匹兹堡中华文化中心"就安排了与中华文化相关的展示。

老朽今天以作为一个志愿者，负责一个关于书法的展台，为大家写春联。

许多华、洋朋友对此非常感兴趣，在两小时之内，被要求写出二十多幅对联、福字、书签等。

有一些挺有趣的事儿。

一位华人朋友要求写一幅关于龙年的七字联，但横批却要求写"逢赌必赢"，一看就知是赌场的常客。

一位华人餐馆老板，要求写一幅于餐馆工作相关的对联。

还有一位洋人，到展台前来了多次，最后终于开了口，指指怀里的婴儿说，太太是中国人，今天来不了。女儿生于虎年，属虎，正一岁多点。想给家里挂一幅对联，给太太和丈母娘一个惊喜。我们就用龙、虎、和家庭和睦为内容，拟了一幅对联，为他们家祈福。他十分开心。

我们的"写手"志愿者中一位女士，临出一手漂亮的"瘦金体"，一位朋友指明要用"瘦金体"为他写一幅对联。

还有许多华、洋女孩喜欢自己动手写毛笔字，虽然写得不好或者压根儿不会写，但也拿起毛笔写起来！场面十分热烈。

由于需要在书法展台上服务，因此不能去剧场观赏演出。询问一些观看演出的朋友，都说节目非常不错。作为一个华人不多的区域，搞这么一台节目十分不容易。这个老朽能理解的。

异乡过大年，
摆谱书对联。
都寓吉庆意，
下笔顺义缘。

注：

义缘～公平合理原则。

2024 年 2 月 3 日于匹兹堡剧院

《匹兹堡卡内基博物馆里的华人农历新年 "庙会"》

匹兹堡卡内基博物馆在今天举办由匹兹堡旅美华人科技协会与博物馆合作举办的华人新年"庙会"。

早上九点就开始忙碌起来。在正式开始的"庙会"的十一点之前，高雅漂亮的"雕塑大厅"就人头攒动。

我和几位朋友负责写对联，刚布置好展台，就有人来开始求字。一直到下午五点，六个小时之内，两人两支毛笔几乎没有停下来过。

今天求对联、求福字、求中文名字、求扇面等的络绎不绝，一时还排起队来……。

求字的差不多华、洋人各半，大家拿到书写好的或对联、或福字、用英文名改好的中文名、或扇面，都欢天喜地，尤其是洋人，他们更感到新奇而开心。

今天我们还特地摆开了一幅大的"水写纸"，让来浏览的各类朋友自己学写毛笔字，引起特别是洋人朋友的极大兴趣。我们有专人在那里指导，让大家试一试中华民族传统文化的一个特色。

我们常常说要传承、传播"中华文化"，当然方式很多，但怎样达到好的效果，确是值得研究的课题。

美国是一个由移民组成的国家，各种文化都可以在这里生存、表现、传播。怎样利用特定时间，把自己文化中最优秀、最吸引人的部分展示出来，引起大家的好奇、兴趣，再鼓励大家了解和学习，应该是一个好的、有效的方法。

华人社区，在一些特定的时间，比如农历新年、中秋、重阳等这种延续以千年计的文化活动，联合美国一些资源，搞一些有意义的活动，也许能潜移默化地传承和传播了中华文化。能夠延续几千年而不衰的文化活动一定有深沉的人文因素，一定会打动其他种族人群的关注！

在自豪欢乐的气氛中，也有一些令人心忧的事情。

有三位都是不久前来美国读书的十五六岁的孩子，来求写扇面。

一个要求写"韬光养晦、再造时间"八个字，我有点诧异，太"成熟了"。问他确定要写，他非常肯定，当然还是给他写了。

第二个说就写一个"空"字，我有点犹豫，孩子的妈妈在旁边说，反面给他写"喜乐"俩字，有妈妈的这个建议，就先给他写一个"空"，等字迹干了，准备要翻过来写"喜乐"时，孩子坚决说不要写"喜乐"，妈妈也没有办法，就拿着"空"走了！

第三个说写"无相"俩字，这也许跟佛学有关，但根据年龄，不久从中国到美国来读中学的一个十几岁的孩子，是不是完全理解"无相"的意义？或许他真理解？弄得我不理解了！

这里我不想深入讨论这件事，免得破环匹兹堡华人庆祝农历新年的快乐气氛。

但我确实为这些孩子先前接受过的教育担忧，是什么样的压力，令几个十五六岁的孩子，需要"韬光养晦"、一切看"空"而拒绝"喜乐"、要"外离一切相法"而"无相"。

人生走入一个极端，必然会跳到另一个极端，加州清华生的杀妻案就是另一个极端的现实版。

老朽现年八十有一，一事无成，尚不知"韬光养晦"；孤身一人尚不觉"空"寂；而还要理理发、刮刮鬍，让自己看上去有个人模狗样的"相"呢？

唉！

其一：

传承传播是课题，优秀人本惹人迷。

潜移默化润无声，自然而然感人黎。

注：

人黎～老百姓。

其二：

韬光养晦再造时，无相有相了事痴。

脑空一切无喜乐，何如一具行走尸。

注：

了事痴～于事入迷。《晋书·傅咸传》："生子痴，了官事，官事未易了也，了事正作痴，复为快耳！"指凡事钻牛角尖的意思。

2024 年 2 月 4 日于维罗纳自寓

《五言·无题》

午前遍找钥匙，终在原处找到。老矣！午后睡一大觉，乱梦。

沉沉心思翁，庸才一生空。
七十始兴学，八十製皮箅。
少壮不努力，老大徒齝穷。
山水伴暮年，诗酒南华梦。

注：

七十始兴学～指七十岁创办"匹兹堡中华文化语言学院"

八十製皮箅～指八十岁创办《海老文集》五卷。皮箅，指缝制在旧时线装书的布质书皮。

齝穷～技已穷尽，本领有限。

南华梦～指《庄子·齐物论》"昔者庄周梦为胡蝶，栩栩然胡蝶也。自喻适志与，不知周也。俄然觉，则蘧蘧然周也。不知周之梦为胡蝶与？胡蝶之梦为周与？周与胡蝶，则必有分矣。此之谓物化。"

大意是："以前庄子做梦变成蝴蝶，一只欣然生动的蝴蝶，十分快活适意，全然不知道自己是庄周。一会梦醒来，依然是活生生的庄周。不知道到底是庄周做梦变成蝴蝶呢，还是蝴蝶做梦变成了庄周？庄周与蝴蝶一定有分别，这就是所说的物化。也就是变化的"彼此"同为一体，而不分彼此，消除物与我差别的境界。

2024 年 2 月 5 日于维罗纳自寓

273

《五言·共你一壶酒》

答远方一挚友问候。

共你一壶酒，醉催三春柳。
万里存相思，千一不枯朽。

注：

千一～多或少、时间长或短。

2024 年 2 月 6 日于维罗纳自寓

《五言·写对联》

前日于匹兹堡华人举办之农历新年"庙会"，郡政府求一联欲悬挂于郡政府。应改日写成送往。
今拟联如下：上联：阿拉根尼河物华天宝；
下联：华盛顿君山人杰地灵；
横批：政通人和。
并作解释文章一篇曰：
上联：阿拉根尼河流域物产丰富，是上天赐予的宝物；
下联：华盛顿君山是有灵性的地域，它抚育了杰出的人群；
横批："政通人和"的意思是政治清明通畅、人民和平安居乐业。

"物华天宝"和"人杰地灵"是中国盛唐时期著名青年文学家、诗人"王勃"在一篇脍炙人口，流传至今的文章《滕王阁序》中的两句话。这两句话是赞扬"滕王阁"所在的"鄱阳湖"周边物产丰富、人才辈出的盛况。现在"滕王阁"的壁画中，罗列了当地几十名中国历史上的政治家、思想家、和艺术家等的画像。

"政通人和"是宋朝政治家、文学家、诗人、词人"范仲淹"在《岳阳楼记》里的一句话。同样《岳阳楼记》也是脍炙人口、流传至今的一篇著名文章。

这篇文章里提出一个最著名对政治人物操守的理念就是："先天下之忧而忧；后天下之乐而乐"。

意思是一个官员应该在人民之前就发现人民可能发生忧虑的原因；当官员解决了造成这个忧虑的因素之后，人民快乐了，官员才可以快乐。

小醉余醒后，信步沐斜阳。
厓岸石嶙峋，寒江水苍茫。
暮年身何用，借春书吉章。
红联寓公意，赠于官衙堂。

2024 年 2 月 7 日于维罗纳自寓

《浪淘沙·庙会》

于二月四日在匹兹堡卡内基博物馆举办农历新年"庙会"。

辛苦莫嗟叹，只为了缘。
新春庙会摆书摊。
饱沾玄墨涂渥丹，吉词藻翰。

殿堂设乐坛，将将声鸾。
雕塑宫里一日欢。
琴歌曲舞神龙蟠，迎来新年。

注:

了缘～了却心愿。

渥丹～光艳红色，指红色纸张。

吉词藻翰～吉利词汇、华丽文章。

将将声鸾～鸾声，鸾铃鸣声。将将，金玉珠石撞击之声。《诗经·小雅·庭燎》:"君子至止，鸾声将将。"

雕塑宫～"匹兹堡卡内基博物馆"中的"雕塑宫"。

2024 年 2 月 8 日于维罗纳自寓。

《丑奴儿·冬姑宴》

和嘉辉同调，步韵。这几日"匹兹堡诗词比赛评委"商讨藉农历新年聚餐讨论今年"华文诗词比赛"实施方案。各位晒出提供之美味佳肴，见之垂涎三尺，故说吾先移植一牛胃和一猪嘴。嘉辉填词《丑奴儿》戏之，吾和之如下:

纸上已嗅一镬味。
扇扇鼻头，
捏捏鼻头，
满口哈喇咽下喉。

翘首期待冬姑宴，
度日悠悠，
蜜意幽幽，
囷年之鼎可函牛。

注:

冬姑～聚会主人姑娘之名中有一栋子"冬"字（全名不便透露）

276

鼎可函牛～函牛之鼎，形容盛美味佳肴的大容器，可以放得下一头牛。

2024 年 2 月 8 日于维罗纳自寓

附：嘉辉原词
《丑奴儿-猪头大胃牛》
新年嘴里无滋味，
想变猪头，
想换猪头，
大碗囫囵猛下喉。

急急赶赴冬姑宴，
美酒悠悠，
美女幽幽，
作个平天大胃牛。

《五言·大年三十》

癸卯已去，迎来甲辰。读《列子》一点感悟。

旧年今夜去，新元即日立。
厄祸岂常有，亨运随时及。
行善不为名，欲刚先让揖。
内观取诸心，外游除劣习。

注：
行善句～《列子·杨朱篇》"行善不以为名而名从之，名不与利期而利归之……"

欲刚句～《列子·黄帝篇》："欲刚，必以柔守之；欲强，必以弱保之。"

让撝～谦卑状。

最后两句～《列子·仲尼篇》：外游者，求备于物；内观者，取足于身。(意思是：向外物展现就要求行为的完美，向自己内心求取，则要充实完善自身。)指君子要充实内心、完善自身。

2024 年 2 月 9 日癸卯大年三十于维罗纳自寓

《五言·甲辰元日》

椒酒留辛气，雀跃已司晨。
龙腾启元日，人喜贺初春。
烦恼随时去，世念与岁新。
莫恋身外物，做个云外人。

注：

椒酒～以"椒"浸制的酒。古，农历大年初一以此酒敬家长和长辈。

世念～尘世之念，俗念。

云外～隐逸之处。

2024 年 2 月 10 日于维罗纳自寓

《浣溪沙·除夕江行》

一半轻雪伴雨晴，冬去春来气自明。
清江水暖衣衫轻。
野鸟巢卵孵新雏，春蕾待发不知名。
前村烟直任我行。

2024 年 2 月 9 日于阿拉根尼河畔，写于匹兹堡女儿家年夜饭时

《东风第一枝·元日得新雏》

农历初一从女儿家返，忽闻微弱唧唧之声，见禽类人工孵化池第一只幼鸟破壳而出。下午第二只破壳，即移入临时保温箱。

大年三十，翁婿共饮，天光余醉耽迟。
慵起伸箇懒肢，净手挡炉理持。
烧水下锅，做弄出、汤囷麻芝。
吃了个、香甜美滋，谁顾高糖凝脂。

吃罢了、暂且告辞。
挂心钩、几只伏雌。
产下数十丸卵，怎生自力孵施。
置孵化池，恒温湿二十天时。
忽闻听，唧唧吱吱，两只新雏埙篪。

注：
伏雌～母鸡。代指母鸟。
埙篪～埙、篪皆古代乐器，同奏声音和谐，常喻兄弟和睦及合

作之呼应配合。

2024 年 2 月 11 日于维罗纳自寓

《七言两首》

位于华盛顿郡沙拉罗伊市的基督教会庆农历新年，近二百华人及数十其他种族友人参加，场面庄严、热闹、欢愉！

其一

新年扶杖南去程，华郡同胞俸主敬。
上天从来不缺恩，春风处处润晓晴。

注：

华郡～宾夕法尼亚州的华盛顿郡（Washington County of Pennsylvania）

其二

日丽霜浓第一庆，基督神殿喧闹声。
祈祷救恩普人寰，联谊同欢增乡情。

2024 年 2 月 11 日于宾州华盛顿郡沙拉罗伊市基督教会

《五言·读韩非亡征篇》

国亡何所因，韩非言者谆。
愚刚必不和，庸愎自隳沦。

内杰蒇不事，外举趋凶嚚。

虐民而党私，苛隋与暴秦。

注：

隳～读 hui。毁坏、崩塌。

嚚～读 yin。愚蠢、顽固。

苛隋暴秦～隋朝和秦朝政权。这两个政权都以统治者残暴昏逆、使民倒悬，而政权顷刻瓦解。

2024 年 2 月 12 日于维罗纳自寓

附：

《韩非子·亡征》～四十七条亡国（政权）之征兆

凡人主之国小而家大，权轻而臣重者，可亡也。

简法禁而务谋虑，荒封内而恃交援者，可亡也。

群臣为学，门子好辩，商贾外积，小民右仗者，可亡也。

好宫室台榭陂池，事车服器玩，好罢露百姓，煎靡货财者，可亡也。

用时日，事鬼神，信卜筮，而好祭祀者，可亡也。

听以爵不待参验，用一人为门户者，可亡也。

官职可以重求，爵禄可以货得者，可亡也。

缓心而无成，柔茹而寡断，好恶无决而无所定立者，可亡也。

饕贪而无餍，近利而好得者，可亡也。

喜淫辞而不周于法，好辩说而不求其用，滥于文丽而不顾其功者，可亡也。

浅薄而易见，漏泄而无藏，不能周密而通群臣之语者，可亡也。

很刚而不和，愎谏而好胜，不顾社稷而轻为自信者，可亡也。

恃交援而简近邻，怙强大之救而侮所迫之国者，可亡也。

羁旅侨士，重帑在外，上间谋计，下与民事者，可亡也。

民信其相，下不能其上，主爱信之而弗能废者，可亡也。

境内之杰不事，而求封外之士，不以功伐课试，而好以名问举错，羁旅起贵以陵故常者，可亡也。

轻其适正，庶子称衡，太子未定而主即世者，可亡也。

大心而无悔，国乱而自多，不料境内之资而易其邻敌者，可亡也。

国小而不处卑，力少而不畏强，无礼而侮大邻，贪愎而拙交者，可亡也。

太子已置，而娶于强敌以为后妻，则太子危，如是则群臣易虑；群臣易虑者，可亡也。

怯慑而弱守，蚤见而心柔懦，知有谓可，断而弗敢行者，可亡也。

出君在外而国更置，质太子未反而君易子，如是则国携；国携者，可亡也。

挫辱大臣而狎其身，刑戮小民而逆其使，怀怒思耻而专习则贼生；贼生者，可亡也。

大臣两重，父兄众强，内党外援以争事势者，可亡也。

婢妾之言听，爱玩之智用，外内悲惋而数行不法者，可亡也。

简侮大臣，无礼父兄，劳苦百姓，杀戮不辜者，可亡也。

好以智矫法，时以行杂公，法禁变易，号令数下者，可亡也。

无地固，城郭恶，无畜积，财物寡，无守战之备而轻攻伐者，可亡也。

種类不寿，主数即世，婴儿为君，大臣专制，树羁旅以为党，数割地以待交者，可亡也。

太子尊显，徒属众强，多大国之交，而威势蚤具者，可亡也。

变褊而心急，轻疾而易动发，心悁忿而不訾前后者，可亡也。

主多怒而好用兵，简本教而轻战攻者，可亡也。

贵臣相妒，大臣隆盛，外借敌国，内困百姓，以攻怨仇，而人主弗诛者，可亡也。

君不肖而侧室贤，太子轻而庶子伉，官吏弱而人民桀，如此则国躁；国躁者，可亡也。

藏怨而弗发，悬罪而弗诛，使群臣阴憎而愈忧惧，而久未可知者，可亡也。

出军命将太重，边地任守太尊，专制擅命，径为而无所请者，可亡也。

后妻淫乱，主母畜秽，外内混通，男女无别，是谓两主；两主者，可亡也。

后妻贱而婢妾贵，太子卑而庶子尊，相室轻而典谒重，如此则内外乖；内外乖者，可亡也。

大臣甚贵，偏党众强，壅塞主断而重擅国者，可亡也。

私门之官用，马府之世绌，乡曲之善举，官职之劳废，贵私行而贱公功者，可亡也。

公家虚而大臣实，正户贫而寄寓富，耕战之士困，末作之民利者，可亡也。

见大利而不趋，闻祸端而不备，浅薄于争守之事，而务以仁义自饰者，可亡也。

不为人主之孝，而慕匹夫之孝，不顾社稷之利，而听主母之令，女子用国，刑余用事者，可亡也。

辞辩而不法，心智而无术，主多能而不以法度从事者，可亡也。

亲臣进而故人退，不肖用事而贤良伏，无功贵而劳苦贱，如是则下怨；下怨者，可亡也。

父兄大臣禄秩过功，章服侵等，宫室供养大侈，而人主弗禁，则臣心无穷；臣心无穷者，可亡也。

公婿公孙与民同门，暴慠其邻者，可亡也。

亡征者，非曰必亡，言其可亡也。夫两尧不能相王，两桀不能相亡；亡、王之机，必其治乱、其强弱相踦者也。

木之折也必通蠹，墙之坏也必通隙。然木虽蠹，无疾风不折；墙虽隙，无大雨不坏。

万乘之主，有能服术行法以为亡征之君风雨者，其兼天下不难矣！

《玉蝴蝶·佳节叹》

甲辰正月初四，日间丽日当空，近暮突云佈风变，断雨洊至。

瞬间云起风变，断雨潇潇，侵没冬阳。
暮景残光，激使吾情沧凉。
叹髀肉、冯唐易老，吁意气，东门犬黄。
恋空桑，天居何处？寒水茫茫。

思量，嘉朋信友，中诚世义，几度交觞。
洋阔海远，而今何时聚旧乡？
乃怖鸽，穷无所归，悲愤里，不识归航。
笙歌声里，咽下嗟伤。

注：

断雨～间歇的雨。

冯唐易老～感叹生不逢时、年岁老迈。

东门犬黄～遭祸遭难，抽身已晚。

恋空桑～即"三宿恋"佛教语。《后汉语·襄楷传》："浮屠不三宿桑下，不欲久生恩爱，精之至也。"李贤**注**："言浮屠之人寄桑下者，不经三宿便即移去，示无爱恋之心也。"后以"三宿恋"指以对世俗的爱恋之心。

怖鸽～佛教传说：鸽为鹰所逐，飞至佛旁。佛以身影遮鸽，鸽乃不怖。"见《盘经·卷二八》《大智度一·卷十一》后诗文中常以"怖鸽"为穷无所归的典故。

2024 年 2 月 13 日于维罗纳自寓

284

《丑奴儿·聚餐》

匹兹堡华文诗词比赛评委，今聚于"冬宫"美酒佳肴，畅聚尽欢。

几个人聚过个年，
吃也香甜，
喝也频添，
三个夫男对三娟。

美味佳肴摆桌前，
她也列筵，
他也烹鲜，
一桌诗酒成一缘。

2024 年 2 月 14 日（情人节）于维罗纳自寓

《七言·走线》

新闻，仅昨日美国加州圣地亚哥边境巡逻队逮捕 269 名非法越境中国公民。今年(24 年)以来该巡逻队已遇到超过 2 万名非法越境的中国公民。整个 2021 年只遇到 450 名非法越境的中国公民。

万里一线坎坷路，千曲百折争遐鹜。
密林气瘴肆绝险，僻径魑魅逞凶蠹。
明知九死偏侥幸，敢以丧命拼穷富。
倘有安居乐业机，谁愿离乡背井误。

注：

遐鹜～向远方。

凶蠹～狠毒为害。

2024 年 2 月 15 日于维罗纳自寓

《七言·贺年》

农历新年，收到许多来自大洋两岸的祝福……。

江上行舟去而返，水中沉月残又圆。
万里祝福年复年，百一诗驰怜垂怜。

注：

百一～魏晋有古诗（非格律诗）五言二十句，共百字，故称诗为百一，或百一诗。

诗驰～驰诗，驰送诗篇。

2024 年 2 月 16 日于维罗纳阿拉根尼河畔。

《五言·春雪》

昨夜始雨，转雪，雪量中大，今晨遍地皆白。

春雪潜入夜，晨来一大白。
今春无春立，去岁有岁脉。
风雪按时至，冷暖依序来。
天道不误人，酬勤增以百。

2024 年 2 月 17 日于维罗纳自寓

《感皇恩·无题》

挚友家晚宴罢，回家，小鹌鹑又下了一只蛋。

一个小院儿，二三个盘。
种点菜蔬豆角儿。
竹篱木栏，有点农家俗观。
正月初十晚，望舒残。

晚宴乍罢，心有余欢。
趁兴细看鹌鹑栏。
碎草窝里，又添一只小卵。
裹紧保暖围，气仍寒。

注：
望舒～月亮的别称。

2024 年 2 月 18 日于维罗纳自寓

《七言·春早》

寒暖交替晃眼花，黄昏今又满天霞。
冰雪尚嫌春色早，不肯化水润草芽。

2924 年 2 月 19 日于维罗纳街上

《七言·雏鸟》

孵化雏鸟甚挂于心。

无事本该一身轻，江畔时时独自行。
谁道心里有所念，逖闻家中雏鸟鸣。

注：

逖闻～远处听到。

2024 年 2 月 20 日于维罗纳阿拉根尼河畔

《蝶恋花·悟》

冬去春来朝复暮，懒意疏情，总把光阴误。
百年坎坷人生路，东南西北知何处？

争名逐利应有度，穷酸富臭，都从凡人孺。
一壶浊酒醉彻悟，河庭相伴鸥与鹭。

注：

孺～小孩子、幼儿。
河庭～相传河伯的居所。
鸥与鹭～水禽，象征隐居。

2024 年 2 月 20 日于维罗纳阿拉根尼河畔

酒店婚庆机构尝试增加中华文化元素

早上太阳从彩云里升起，映得东半边红霞满天。农谚云：朝霞不出门。果然中午时分天空下起了沥沥细雨，阿拉根尼河上腾起一片浓雾，雨夹着雾把整个地区笼罩在迷朦之中。

下班的车队从城里涌出，造成拥堵。我们的车反向城里驶去，畅通无阻。

到喜来登大酒店，参加酒店举办将在酒店举办婚礼客户的招待会。而酒店首次尝试在婚庆典礼中加入中华传统习俗的婚礼喜庆元素。

用大红纸写上双喜的"囍""爱""缘"等字样，挂起来。准备好百余条长短条幅和笔墨纸砚。

六时启动，二百多宾客一拥而入。不出所料，把英文名拼写成中文名最受欢迎。一些成双成对的情侣，要求把俩人的中文名字写在一张纸上，见证爱情！

两小时之内，准备条幅全部用完。

又在意料之中的是，招待会结束后，在现场服务的酒店员工，包括总经理在内，也都为自己和孩子等家人索取"中文名"，又写了一大通。

匹兹堡凡有较多华人的公司，也都会举办农历新年的庆祝活动，在活动上，中华文化喜庆元素受欢迎的程度非常热烈。

从今天大酒店尝试在西式婚庆中加入中华传统喜庆元素是成功的，酒店办理婚庆的相关人士告诉我，已经有很多人咨询这件事。

把东西方婚庆文化融合，是传播中华文化的一个方面。开放的世界永远会走向你中有我我中有你，而相互融合的一定是人们喜闻乐见的方面。

还是这句话：文化的传播交流，首先是情感的交流，不需要大声喧哗，不需要讲大道理，不需要宏大叙事，不需要比谁古老（好坏跟古不古老有关系吗？），不需要处处自诩（别诩不更好吗？）。只要把好的东西、人们喜欢的东西拿出来，自然而然、潜移默化，在无形中交流交融就好。

当然一定硬要把人们不喜欢的东西拿出来，其结果一定是适得其反的。

婚庆自来喜，
东西同一理。
平安吉祥兆，
朝霞祥丹绮。

注：

丹绮～红色有花纹的丝织品。

2024 年 2 月 22 日于匹兹堡喜来登大酒店

《五言·元宵节》

雾江不见舟，小城暮雨稠。
厓山听泉飞，疏林闻鹁鸠。
迫催残雪化，强唤寒梅抽。
孟春应知时，今夜月满洲。

注：

鹁鸠～又称雨鸠、唤雨鸠。天雨时其鸣甚急。
孟春～又称上春，指农历正月。

2024 年 2 月 23 日于维罗纳自寓

290

《古蟾宫·元宵》

十五月，晴也中天，阴也中天，正月更妍。

十五月，明也正圆，晦也正圆，两个半弦。

有道是人长久千里婵娟，怎经得驾灵鲲万顷沧渊。

诗也满笺，酒也满盏，凉冷了元宵，醉倒了白颠。

注：

古蟾宫～《蟾宫曲》曲牌名。又称《天香引》《秋风第一枝》、《步蟾宫》等。是昆曲里一支用途极广的北曲曲牌，又是京、昆两界演员，尤其是武戏演员最熟悉的曲牌。

灵鲲～《庄子·逍遥游》："北冥有鱼，其名曰鲲，鲲之大，不知几千里也。"

沧渊～又广阔，又深杳的水。

白颠～白发老顽童。有"黄童白颠"之说。

2024 年 2 月 24 日（甲辰元宵节）于维罗纳自寓

蘑菇屯的元宵节

蘑菇屯，我喜欢把西维吉尼亚的"摩根敦"（Morgantown of West Virginia）叫成"蘑菇屯"，没别的意思，亲切！

今天作为特邀嘉宾，参加了"蘑菇屯"华人协会举办的"春节元宵晚会"，给我了一个上台祝贺的机会。我说的最重点两句话：一，匹兹堡蘑菇屯地跨两州，亲如一家；二，进一步搞好合作传承传播中华文化。

是的，匹兹堡华人社区，与蘑菇屯华人社区合作举办文化活动由来已久。这些年，两地紧密合作，共同提升了文化活动的水平，有目共睹。

从今晚蘑菇屯整个晚会的准备工作，一直到按部就班地进行，就非常成功！包括抽奖环节一共 14 个节目，都按程序一一精彩演绎。除了"匹兹堡燕来舞蹈学院"提供的节目，蘑菇屯华人协会组织的节目，个个精彩，节目水平比以前有很大的提高。

更可喜的是，整个晚会，从来宾到演员，到具体节目，非华裔的参与比例很高，这足见得，蘑菇屯华人协会在传播中华文化以及与不同文化结合方面做得非常好！

这从蘑菇屯市长对晚会的祝贺，以及对庆祝农历新年这一个华人文化盛事，所表达极大的赞赏可知。获悉市长打算今后把华人庆祝农历新年的活动，扩大为全市性的活动！

个人一直主张传播首先是感情交流，并以表现中华文化最优秀、最人性化的方面，在自然而然、潜移默化中产生影响，而不只是顾华人自己欣赏。同时也要吸引其他优秀文化参与进来，这样才能达到文化融合和共同提高的效果。在今晚的节目中我们似乎找到了答案。

今天的活动获得中华人民共和国驻美国大使馆的支持。大使馆派两名官员从首都华盛顿驱车前来祝贺，并在演出前致辞，表达对海外侨胞的关怀。今年是中美建交 45 周年，大使馆官员在演讲中也展望了中美关系向健康发展。

是的，中美关系绝对是海外华人尤其是在美华人最关心的国际关系，在美华人都祈求一个友好、稳定健康发展的中美关系。

晚会在意犹未尽中结束，蘑菇屯的夜晚多么美好！依然圆滚的月亮正升入夜空，寓意着吉祥、和谐、快乐！

但愿人长久，千里共婵娟！

《七言·蘑菇屯》

蘑菇屯人闹元宵，
华洋戏鼓声嚣嚣。
缤纷歌舞获众彩，
男呈潇洒女呈娇。

注：

蘑菇屯～我喜欢把西维吉尼亚的"摩根敦"（Morgantown of West Virginia）叫成"蘑菇屯"，没别的意思，亲切！

2024 年 2 月 25 日于维罗纳自寓

《蝶恋花》

和诗友元夕词，步韵。

报得春来旧年去，才嗅梅香，沁入相思句。
斟酌推敲用何语，原来根本无寻处。

一万八千扶遥路，怎生越飞，只有心头苦。
且莫问我愁几许，心烦意乱无头绪。

2024 年 2 月 26 日于维罗纳自寓

诚慧原词：

元夕调寄《蝶恋花》

爆竹烟花弥漫去，笔底生香，又做怜花句。
元夕倾杯妆笑语，遍寻旧梦知何处？

可恨天涯无限路，鸿雁单飞，斟酌鸾笺苦，
把盏纵能欢几许，人间天上多愁绪。

《菩萨蛮·春雷》

近午间正日眠，乡梦。忽春雷轰然，接暴雨凶猛，旋雨停云散。

人生相思总难免，日来乡梦泪满潸。
相聚乐忘归，猛忽闻惊雷。

明明初日上，转眼骤雨莽。
环顾又成空，不如一梦中。

2024 年 2 月 27 日于维罗纳自寓

《鹧鸪天·酒后无题》

连两日震雷、狂风、暴雨，唯留陋室自斟自饮。

对镜无心抚庞眉，
又渡一岁徒伤悲。
少年意气曾凌云，
而今羊裘学钓垂。

对鸥盟，举玉卮。
自斟自酌自于斯，
今朝有酒今朝醉，
醒来诌上几句诗。

注：

庞眉～庞，读 mang。皓白眉毛，形容老态。

羊裘、钓垂～羊裘，用羊皮毛粗制的衣物；钓垂，垂钓。指严光（子陵）助汉光武帝平天下后，不仕，隐居富春江事。

欧盟～与鸥鸟做伴，指隐居。

玉卮～玉色的酒杯，不一定就是玉制的酒杯。

于斯～就在这儿了。

2024 年 2 月 28 日于维罗纳自寓

《七言·忆昆山和昆曲》

接昆山好友发来信息关怀，十分远念，忆起当年访问"昆山当代昆剧团"和观看大型昆剧《顾炎武》。

昔年曾游娄邑府，满城昆声仙曲舞。
立昆之宗魏尚泉，匹夫有责顾炎武。
月明青衣娇如怜，志威武生霸成虎。
更有霞女施天慧，现代传承更胜祖。

注：

娄邑～昆山的古称。

魏尚泉～魏良辅（1522 年以前—约 1586 年）字尚泉，豫章（今江西南昌）人。明代戏曲家、戏曲改革家，他把"昆曲"推向全国，被后人奉为"立昆之宗"，有"曲圣"的美誉。著作有《南词引正》等。

顾炎武～顾炎武（1613 年 7 月 15 日—1682 年 2 月 15 日），原名绛，字忠清。明亡后，改名炎武，字宁人，亦曾化名蒋山佣。学者尊为亭林先生，直隶苏州府昆山县（今江苏昆山市）人，明末清初思想家、学者。与黄宗羲、王夫之并称"明末三大儒""明末三先生"或"明末三大思想家"。

国破家亡，铸就了顾炎武坚不事清（朝）的决心意志。

但就这么一个顾炎武，却鼓励他的学生参加清廷的科考，到清廷去做官；还托自己的学生，把自己撰写的《明史稿》献给清廷。

那么顾炎武究竟怀着一种什么样的心绪有这样的举动呢？

他的学生不理解，青年康熙自然也不理解。

"昆山现代昆剧团"编演的大型昆曲戏剧，是这样演绎的：

在已经凋零破败的明孝陵之前，一个（顾炎武）怀着对旧朝的忠诚眷恋；另一个（青年康熙）怀着收买江南士子人心为我所用，同时拜谒而邂逅之时，青年康熙对于顾炎武这样"不清不明"的态度发起尖锐的质询。

中华民族历史长河之中，不乏清高孤傲的知识分子。人们在颂赞他们的节气、清高之时，往往忽略了他们对于"天下"的责任。

这"天下"，并不是掌权者。这土地、湖山、黄河、长江以及善良的人民，这不变的一切，才是"天下"的组成部分。朝代的变换、掌权人的更替，这"天下"依然是"天下""天下"是天下人的"天下"！

忽视了这"天下"的知识分子，不论怎么清高、不论如何"节操"，恐怕至多只成就了一半的人生价值。

而顾炎武却不是，这个"初别母、再别友、三别妻，我今儿真箇伶仃了"的顾炎武，用了大义凛然、荡气回肠、慷慨激昂、掷地有声的八个字回答康熙，这就是："天下兴亡匹夫有责"！

月明～"昆山当代昆曲团"的著名青年女演员。

志威～"昆山当代昆剧团"的著名青年男演员。

霞女～"昆山当代昆剧团"领导人，年青，能力强。

现代～指"昆山当代昆剧团"

2024 年 2 月 29 日于维罗纳自寓

三月诗词

《鹧鸪天·寒春凄雨》

乡路遥遥无归期，西去万里西又西。
九冥未见鲲鹏怒，三江却闻子规啼。

春未至，人先疲。偏又雨苦风也凄。
不如酒醉诌新诗，管它五错与六迷。

注：

九冥～九天、高空；九泉、地下；深渊。

鲲鹏～《庄子·逍遥游》："北冥有鱼，其名为鲲。鲲之大，不知其几千里也。化而为鸟，其名为鹏。鹏之背，不知其几千里也；怒而飞，其翼若垂天之云。"

三江～指汇于宾夕法尼亚州匹兹堡的阿拉根尼河、俄亥俄河、莫诺格列河。

子规啼～子规啼血，典出《史记·蜀王本纪》，言望帝禅位后化为杜鹃鸟，至春则啼，滴血则为杜鹃花。

子规啼声近似人言"不如归去"，鸣声凄厉，常用以形容哀痛之极。

五错、六迷～指作诗的五种错误和六种糊涂认识。

2024 年 3 月 1 日于维罗纳自寓

《七言·丽日江行》

江水东来柔如诗，候情冷暖野禽知。

和风拂面带春意，节气终也不违时。

2024 年 3 月 1 日

《江城子·春梦》

凝雾又罩三江迷，淫淫雨，灰云低。

冬也春也尽日相交替。

穿得春纱换袭皮，天也累，人也疲。

百年生死如梦里，梦醒时，反孤凄。

怪道嘲问庄生蝴蝶疑。

不如酒醉再一醯，梦不醒，谁人知？

注：

三江～交汇于匹兹堡城之阿拉根尼河、俄亥俄河、莫诺格列河。

庄生蝴蝶～《庄子·齐物论》："昔者庄周梦为胡蝶，栩栩然胡蝶也，自喻适志与！不知周也。俄然觉，则蘧蘧然周也。不知周之梦为胡蝶与，胡蝶之梦为周与？周与胡蝶，则必有分矣。此之谓物化。"

醯～酒器。

2024 年 3 月 2 日于维罗纳自寓

《七言·黄河》

乐晕群,"老枪"兄贴"黄河瀑布"视频,"爪四哥"即赋诗一首,吾拙和一首,步韵。

天上之水汇泥川,蜿蜒九州四百旋。
怒淹乡居十万宇,深堕蚁民五千渊。
飞遄拍起云花雾,高风急生雨露烟。
毕竟一族尊太上,是非功过且问天。

注:

天上之水～李白诗有:"君不见黄河之水天上来!"句。

宇～屋顶。

一族～同一族类。

太上～太古。"悠悠太上,人之厥初。"出于《晋書卷九十二列傳第六十二》:"悠悠太上,人之厥初。皇極肇建,彝倫攸敘。五德更運,應錄受符。陶唐既謝,天曆在虞。於時上帝,乃顧惟眷。"一篇拍司马氏篡"魏"建立"晋"的"马屁"的文字。

2024 年 3 月 3 日于维罗纳自寓

爪四哥原诗:

黄河九曲出冰川,倾注奇壶巨浪旋。
峻谷起雷传广宇,群龙戏水跃深渊。
惊涛拍岸崖腾雾,怒瀑摧岩涧锁烟。
七彩虹桥横空上,磅礴气势傲云天。

《青玉案·春暮》

天然一幅山水画，不用稿，夕阳下。
粼粼春水映红霞，万尺岩崖，千点乱鸦，鸥鹭落平沙。

流连此景真似假，顺流望，孤舟激波潜。
生来痴情总难罢，芦荻洲头，枯枝树下，与谁说此话？

注：

波潜～潜，读 ta。水波重叠。

2024 年 3 月 4 日于维罗纳阿拉根尼河畔

《清平乐·惊蛰悯农》

雷惊蛰唤，野禽东风岸。
九曲澄黝江似练，初长芦荻待雁。

消寒数尽启耕，有谁悯恤农情。
我或闲操淡心，只缘曾听怨声

2024 年 3 月 5 日于维罗纳阿拉根尼河畔

《浣溪沙·送学子去学校》

晨，送学子去学校，路遇因修电线挡路的。

初晨岚雾蒙岩溪，山堌林疏乱鸟啼。
微暖春风又偏西。

莘莘学子车后座，前路偶遇挡头枅。
过后快马如駃騠。

注：

岚雾～山中雾气。
山堌～山村。
挡头～阻碍。
枅～枅，读 ji。横木。
駃～駃，读 jué。古同"快"。
騠～騠，读 tí。公马与母驴杂交之力畜，称"驴骡"（非骡），
耐粗饲，力大而持久。

2024 年 3 月 6 日于维罗纳

《虞美人·才俊来访》

有纽约青年才俊，特驱车来匹兹堡相见。置酒相谈，十分投
契。后连夜赶回纽约。

才俊闻名远来聚，恰逢暮时雨。
几盏老窖脸不红，酒逢知己、千杯也敬空。

义理相契可携手，他日应嗣守。

真情何来早与迟，彼此心倾，俯仰当今时。

2024 年 3 月 6 日于维罗纳自寓

《谒金门·春暮江行》

鸦啼暮，报知一天春雾。

寂寞江水分流处，别过寒汀树。

云桥舆车争渡，小村夕烟几柱。

枯荻深丛眠宿鹭，何妨与同住？

2024 年 3 月 7 日于维罗纳阿拉根尼河畔

《五言·马航 MH370 失事十年》

2024 年 3 月 8 日，马来西亚航空 MH370 航班，在起飞一小时后失联，至今十年遍寻不见，为航空史上最奇特之灾难。

十年非久经，神伤胜砺硎。

铁艋虽巨物，海空如一萍。

遍地聋雷达，满天瞽卫星。

竟自杳然去，何处祭亡灵。

注：

砺硎～用力在磨刀石上研磨。砺，磨练；硎，磨刀石。

瞽～读 gu，瞎子。

2024 年 3 月 8 日于维罗纳自寓

《生查子·春路》

送外孙与小乐队练习，沿路。

一车过君山，万株穿云树。
清江水遄遄，流向西畈去。

二月春风暖，新芽发朝暮。
度鸟投密林，料为巢雏哺。

2024 年 3 月 8 日于蔓越莓乡（Cranberry）

《小重山·山水间》

无情岁月悄悄流，谁可令且休、下九幽。
不过天地一楚囚，何所求，生死也悠悠。

丝丝霜鬓秋，百年山水梦、今可酬。
幸得盟约三江头，诗与酒，雨雪鹭与鸥。

注:

九幽～极深暗之地，指阴间。

楚囚～《左传·成公九年》载：楚人锺义被晋俘，晋人称"楚
囚"。后指被囚禁或处境紧迫之人。"已摈忧烦寻常事，
留得豪情作楚囚""鲈鱼正美不归去，空戴南冠学楚囚"。

盟约～隐居的代名词。

三江头～指阿拉根尼、俄亥俄、莫农格希拉三条江，在匹兹堡
汇合。

2024 年 3 月 9 日于维罗纳阿拉根河畔

《蝶恋花·无题》

层层云山水一注，林深孤村，缠绕高低路。
枯叶满地化腐土，旧叶却把新芽护。

淄帷案头卷尺五，秃笔一支，仿纸胡乱涂。
醒时迷茫醉时悟，杜康来作六神主。

注：

淄帷～淄，黑色；帷，围起来的帐幕。《庄子·渔夫》："孔子游乎淄帷之林"。孔子游行天下，读讲《诗》《书》，时于江滨，休息林籁，其林郁茂，蔽日阴沉，布叶垂条，又如帷幕，故谓之淄帷之林也。

仿纸～印有格子练习毛笔字的纸。

杜康～传说中最早发明酿酒之人，代称酒。

六神～古人指主宰心、肺、肝、脾、肾、胆六脏之神。泛指心神、精神。

2024 年 3 月 10 日于维罗纳自寓

《长相思·二月二龙抬头》

二月二，龙抬头，莫洗莫缝暂时休。
面饺饼金豆。

接姑娘，敲瓦缶，剪发撒灰做珍馐。
腰糕糍粑凑。

注：

龙抬头～二月后，黄昏时"龙角星(即角宿一星和角宿二星)"

从东方地平线出，时整个龙身还隐于地平线下，角宿初露，故称"龙抬头"。

莫洗～不在河边洗衣，防激怒神龙。

莫缝～不穿针引线，防针刺龙眼。

面饺饼金豆～龙须面、水饺、春饼、炒黄豆。（分别代表龙须、龙耳、龙鳞、龙眼等）

接姑娘～接回出嫁之姑娘。

敲瓦缶～敲击陶瓦器皿，传说振"龙"可使粮满仓（还有有敲房樑、桌案、灶台、门墩等）

剪发～二月二有剪发习俗。

撒灰～撒石灰以驱虫害。

腰糕～苏南一带有用黏米做"撑腰糕"习俗，"撑腰"者，祈求健康也。

糍粑～两广一带有用棠梨叶衬糍粑习俗，传说不怕雷暴。

2024 年 3 月 11 日于维罗纳自寓

《临江仙·突来春雪》

昨日午突来春雪，至午夜止。

朔风劲吹更乱，飞雪欲起还沉。
满天浓云如复衾。
初晨丽日旭，亭午春寒侵。

树冷白花稍积，地暖触冰即泮。
望眼一派银山林。
入夜且稍停，今朝听鸟吟。

2024 年 3 月 11 日于匹兹堡女儿家

《菩萨蛮·早樱》

道边樱花正盛，前日一场春雪落红无数。

早樱偏逢胭脂雨，东风不该来又去。
徘徊春梦中，唯叹催落红。

夕阳西山遮，江畔伤心客。
不语问夕阳，为何相思长。

2024 年 3 月 12 日于维罗纳阿拉根尼河畔

《山花子·春夜》

山影迷离夜雾中，樱花零落地暗红。
寂寞幽冥初月瘦，正弯弓。

人醉小肆杯又尽，屋静孤院四野空。
最趣丝笼鹌鸟雏，夺尸虫。

2024 年 3 月 12 日午夜于维罗纳自寓

《蝶恋花·春思》

风缓气暖春方适，故燕旧巢，梨花道边白。
千畈新草一望碧，万山寒树沐阳炙。

澄水一脉孤身客，旅鸿延驻，可携相思册。
万里乡关去路逆，长安宁有郑庄驿。

注:

畈～成片的地。

炙～近似"烤"。

延驻～邀请停留。

郑庄驿～汉,"郑当时(字庄)"为太子舍人。每逢洗沐日,常治驿马长安诸郊接待宾客。后以"郑庄驿"为好客迎宾待客之所。

2024 年 3 月 13 日于维罗纳阿拉根尼河畔

《点绛唇·阵鸿》

闹红一树,今日依然是日丽。
山村睽远,唯见孤烟细。

天际阵鸿,一叠声嘹唳。
去何急,此时心思,谁来与潜递。

2024 年 3 月 14 日于维罗纳东山

《点绛唇·忽思前事》

柳芽嫩绿,丝丝细雨润弄湿。
一江春水,席卷石岸级。

云低雾集,掩梨花树熠。
朦胧中,忽思前事,曾作岐路泣。

注:

岐路泣～世道崎岖,担心误入歧途,伤感和忧虑,或在岐路的

307

离情别绪。言战国时朱杨临岐路哭泣之事，典出《淮南子·朱杨》："杨子见逵路而泣之，为可以南、可以北。"

2024 年 3 月 15 日
于车行于维罗纳阿拉根尼河侧阿拉根尼大道

《七言·江上飞舟》

一艇飞驰惊江鸥，激起白浪淹汀洲。
枯树无意凝静立，新芦有情皆俯首。
山闻离声回哀声，水带别流任乱流。
何事总牵庄舄吟，不如醉消万古愁。

注：

庄舄～舄，读 xi。

《史记·张仪列传》记载：惠王曰："子去寡人之楚，亦思寡人不？"陈轸对曰："王闻夫越人庄舄乎？"王曰："不闻。"曰："越人庄舄仕楚执珪，有顷而病。楚王曰：'舄，故越之鄙细人也，今仕楚执珪，贵富矣，亦思越不？'中谢对曰：'凡人之思故，在其病也。彼思越则越声，不思越则楚声。'使人往听之，犹尚越声也。今臣虽弃逐之楚，岂能无秦声哉？"后人以"庄舄越吟、庄舄思归、秦声、越吟"等表达不忘故国家园，爱国怀乡的思想感情。

2024 年 3 月 16 日于维罗纳阿拉根尼河畔

《五言·唉》

汀洲最幽处，鹭鸥夜宿来。
弦月初入天，何事唉声哀？

2024 年 3 月 17 日
于维罗纳阿拉根尼河畔

《兰陵王·轻雪行》

与好友父子车行百英里。

春寒贼，雪花樱花掩草碧。
迅行间、扑面几番，冰珠击窗趣行色。
放眼望阡陌，依然绿油野麦。
九曲路，北去南来，问道終点几万尺？

忽见旧踪迹，四年睽违了，暂停稍息。
欲罢流连再追昔。叹岁月逝快。
人生苦短，几回机缘任尔惜，不如就今夕。

噫乎，莫嗤谪！
谁不随日老，虚抛年华，修名征贵总有极。
且约盟江鸥，柳岸吹笛。
小肆沽酒，醉梦里，再酗酖。

注：

旧踪迹～一间慈善商店，疫情停业。
酗酖～饮酒过度。出自《商君书·垦令》："贵酒肉之价，重其

309

租，令十倍其出。然则商贾少，农不能喜酣酖，大臣不能荒饱。"又可形容酒醉面赤。

2024 年 3 月 18 日

《七言·春分》

乍暖乍寒是春分，晴明叆叇混氤氲。
交逢夜雨花开急，又来寒气雪飞纷。
霞彩云中升丽日，暝曚暮时度斜曛。
三更倘有半爿月，也足把酒醉愉殷。

注：

叆叇～云雾弥漫。
氤氲～古指阴阳二气相互作用。
愉殷～快乐之极。

2024 年 3 月 19 日

《踏莎行·春分思亲》

闻在加州之大哥因晕厥入院。

昼夜平分，冷暖交顾。
半璧白玉依窗驻。
几声寒鸦传空林，樱花自落无人处。

望尽天涯，归期终误。
寒衣不耐西风呼。
春芽树上停云暮，唤取明月和影酺。

310

注：

春芽树上停云暮～重复"春树暮云"和"停云"两词的含义，都是表达对亲人的思念。"停云"典出《陶渊明·停云》："霭霭停云，蒙蒙时雨。"其自序"停云，思亲友也。"故后世作思亲友之意。

明月和影～李白《月下独酌》："举杯邀明月，对影成三人。"

酺～聚酒。

2025 年 3 月 20 日于维罗纳自寓

《七言·寒春》

晨暾东山气乃冷，苍鹰瞵攫巡蓝空。
迎春花黄正唤春，极地风寒偏卖功。
冷暖变幻一日异，曲折起伏百路通。
回置觞肴杯未举，日落西峦月已中。

注：

晨暾～朝阳。
瞵攫～瞵，注视。攫，抓取。

2024 年 3 月 21 日于维罗纳自寓

《踏莎行·怨春》

嫩草才碧，梨花却雨，春寒倒春人伤沮。
晶冰零落为谁泣，几时春风化春煦。

江流茫茫，扁舟何去？斜阳一半隐皋浒。
层山倚叠乱云聚，明月今夜照沟渠。

注：

皋浒～高岸水边。

末句～元代高明《琵琶记》有："我本将心向明月，奈何明月照沟渠"句。意为：好心对待，却毫不领情，或真心付出，却没得回报和尊重。

2024 年 3 月 22 日于维罗纳自寓

《七言·倒春寒夜》

近几日倒春寒，阴雨，兼有细雪，最低至零下四摄氏度。

春夜倒寒淫雨斜，西边疏林啼寒鸦。
劲风强折僵嫩枝，飞霜乱打冻落花。
野禽知冷窝新芦，老我无奈蜷侬家。
幸有醇醪独自醉，一梦华胥莫嗟吁。

注：

侬家～自己家。

一梦华胥～出处《列子·黄帝》："[黄帝]昼寝而梦，游于华胥氏之国。华胥氏之国在弇州之西，台州之北，不知斯齐国几千万里；盖非舟车足力之所及，神游而已。"

另一说，黄帝的母亲名"华胥"。

2024 年 3 月 23 日于维罗纳自寓。

《七言·春闲》

一春寒气陋室居，纸香墨臭任心纾。
莫思窗外无聊事，补读错漏有趣书。
睡馀先逗鹈鸟玩，饭饱闲栽小圃蔬。
独斟自得酒中意，陶令知晓也踌躇。

注：

陶令～东晋陶渊明，不肯为五斗米折腰，挂印归田。看得破，想得开，放得下。采菊东篱，悠然南山，一段佳话。

2014 年 3 月 24 日于维罗纳自寓

《鹧鸪天·虚枕》

闲来乱涂古墨香，摹过右军摹旭狂。
朝朝庭前望新草，暮暮江畔沐夕阳。

云飘飘，水茫茫。游子归程几多长。
恼人相思有谁知，吕公枕上虚一场。

注：

右军～晋代大书法家王羲之。其书之《兰亭集序》被称"天下第一行书"。

旭狂～唐代大书法家张旭，以"狂草"字体著称。

吕公枕～唐沈既济《枕中记》：卢生于邯郸旅店遇道士吕公，生自叹穷困，翁乃以枕授卢生。且曰："子枕吾枕，当令子如适如意。"卢生梦中享尽荣华富贵。及醒，旅店主人蒸黄粱尚未熟。生怪曰："岂其梦寐也？"翁笑曰："人生之适，亦如斯也。"后以"吕公枕"喻人生如在梦中，万事终归虚妄。

2024 年 3 月 25 日于维罗纳自寓

《七言·八十儿痴》

翁我八十一儿痴，晚睡早起无定时。
间或独酌三杯酒，得闲弄吟两首诗。
漫步江边数野凫，伸手屋里逗雏鹠。
总归奈何桥上过，转世又是一儿痴。

注：

雏鹠～幼鸟。

奈何桥～中国民间信仰中通往冥府的一座桥。"奈河"是佛家所说地狱河名，又称"奈河桥"，人身死后经此桥时，有"孟婆"俸汤，喝下"孟婆汤"忘掉尘世记忆，遂转世投胎。

2024 年 3 月 26 日于维罗纳自寓

《虞美人·催春》

一春落尽催花雨，寒水遄波起。
红树白树樱花残，风吹零落漂去，不忍看。

浮生如许冯唐老，青丝变骚皓。
莫愁他朝送灯台，今且日开云散，阳春来。

注：

冯唐～王勃《秋日登洪府滕王阁饯别序》："嗟乎！时运不齐，命途多舛，冯唐易老，李广难封。"

送灯台～民谚："赵老送灯台，一去更不回！"宋欧阳修《归田录·卷二》：俚谚云"赵老送灯台，一去更不来。"林则徐《赴戍登程口占示家人》："休言儿童轻薄语，嗤他赵老送灯台。"

2024 年 3 月 27 日于匹兹堡去纽约途中

《七言·夜入纽约城》

临入名城春雨凉，光彩熠熠生辉光。
惊艳尘境如仙境，却感异乡是故乡。
参横错综云泥路，操奇逐胜名利场。
我行一日腹少食，朵颐美肴充饥肠。

2024 年 3 月 28 日于纽约法拉盛

《清平乐·纽约》

冷雨消散，满城鼎沸乱。
夜阑月斜华灯晏，各色士人宵旰。

自是万邦通衢，汇萃千有商都。
养乐销金极娱，三世四业五奴。

注：
晏～迟、晚。安定、安乐。

宵旰～日夜。"宵衣旰劳"，日夜勤劳。

千有～所有、一切。

三世～《春秋》公羊家主张历史演变的三个阶段：所见世、所闻世、所见闻世。康有为《大同书》据此提出：乱世、生平世、太平世。

四业～士、农、工、商四民之业。

五奴～唐苏五奴妻张少娘，善歌舞，有邀迎者，五奴辄随之前，人欲得其速醉，多劝以酒。五奴曰："但多与我钱，虽吃，子亦醉，不烦酒也。"后称鬻（出卖）妻者为"五奴"（妓院演变称"乌龟"）。

2024 年 3 月 29 日于纽约法拉盛图书馆

《五言·归途》

自纽约车返匹兹堡，凡 1300 余华里，一路雷电暴雨，越蓝嶺最高处，于浓云中穿行，颇为壮观。

暴雨来顷刻，雷电壮行色。
泼水自天来，穿云暮时黑。
擎手掌舵稳，明眼视物贼。
一千三百里，平安即是福。

2024 年 3 月 30 日于纽约-匹兹堡途中

《七言·复活节》

春分之后光明大，日月同辉呈万化。
众生原罪得赦宥，基督牺牲钉十架。

福音惠及外邦人，真理战胜祭司诈。

死而复活证神迹，普天赞颂此光华。

注:

春分之后～基督教复活节会在每年春分月圆之后第一个星期日举行，因为春分之后北半球便开始日长夜短——光明大过黑暗，月圆的时候，不但在日间充满光明，就连漆黑的夜晚也被光辉（月光）照耀。

复活节～约 2,000 年前耶稣耶稣基督（Jesus Christ）在被钉死在十字架上 3 天后得到复活。

外邦人～除犹太人种族之外的种族人类，犹太人认为只犹太人才是上帝的"选民"，在信仰上排斥其他种族。而耶稣基督主张，上帝的"救恩"应惠及全人类。并实践这个主张。

祭司～犹太人由"祭司"阶层垄断与上帝的沟通，实际维护这个阶层的特权。耶稣基督主张每个人都可以跟上帝之间沟通，这不是祭司的特权。故"祭司阶层"十分痛恨耶稣，最后置耶稣于死地，执行钉十字架的死刑。

2024 年 3 月 31 日于维罗纳自寓

四月诗词

《五言·喜获新雏》

三月十七日一批入孵化器的鸟蛋，至昨夜开始出壳，至今已有七只新雏。

夜半闻唧声，新雏破壳生。
一只接一只，孵器满七萌。

2024 年 4 月 1 日于维罗纳自寓

《七言·鹌鹑》

去秋从朋友处得"鹌鹑"三只，称元姥。今春一月起，其中俩不断产卵，获数十枚。即购孵化器孵育。第一批成活六只，目前茁壮成长，争食如抢，故以"小强盗"称之。三月又孵育第二批，成活八只，今方第三日，呆萌可爱。十日内需抚养与恒温箱内，祝祷健康成长！

仨姥六盗八呆萌，造就新笼各安营。
牛奶蛋黄碎禾粒，净水饱暖欢谑鸣。

2024 年 4 月 2 日于维罗纳自寓

《临江仙·连日雷暴豪雨》

美东地区连日雷暴豪雨，致使许多城市部分道路淹没，此处阿拉根尼河水暴涨。匹兹堡三江并流，潮平两岸。

惊雷之前先电火，暴雨洗涤凡尘。
才沐些许阳春温，春雨贵如油，点滴都稀珍。

初阳东边稍露白，满天覆罩乱云。
水与山泉争一流，潮急平低岸，莫淹行路人。

2024 年 4 月 3 日于维罗纳自寓

《五言·寒食遥祭》

清明日延连多日大雨，父母坟远在美西加州，赋诗遥祭。

岭叠三春半，雨豪九泉瀚。
坟远江头祭，寒食炊莫爨。

注：

寒食～故事：春秋晋公子重耳流亡十九年。一次饿昏，介子推割己大腿肉烤熟于食，得以保命。重耳回晋国为文公。遂封赏功臣，而忘介之推。介与母到绵山隐居。文公派知人遍寻不见，其臣放火烧山逼出，然介不出，母子抱槐烧死。文公遂定每年此时不准生火而冷食，后称寒食节。卢象《寒食》诗，"子推言避世，山火遂焚身。四海同寒食，千古为一人。"寒食节应于清明前一日，久而与清明混同。

爨～起火做饭。

2024 年 4 月 4 日于维罗纳自寓

《踏莎行·和诗友诚慧》

寒春葭萌，华颠一老，久活亦知予末小。
抱残内守半亩塘，楚雨寒食冉青袅。

敛步蹒跚，梁园非好，只因俗乱起云扰。
丽句雅词馨兰烟，相逢耳鬓仍幻香。

注：

葭萌～远方之人。
华颠～满头白发。
予末～自谦。如"予末小子""予末老儿"。
楚雨～楚地之雨。苦雨，比如相思之泪。
青袅～炊烟。
梁园～梁园虽好，不是久恋之家。

2024 年 4 月 5 日于维罗纳自寓

诚慧原词：
踏莎行 清明
芳草新萌，桃花渐老，丁香欲竞千冠小。
莺栖翠柳映池塘，蝶穿新绿余香袅。

春景阑珊，园林皎好，纸鸢碧落晴风扰。
思亲酹酒起新烟，梵音催趁心声杳。
2024.4.5

《七言·春行》

由匹兹堡前往印第安纳米尔顿，参加米尔顿基督教会新教堂开幕。小住，顺便观察下星期一的日全食。米尔顿是观察这次日全食最佳地点。据报将可看到 3～4 分钟太阳完全被月亮遮住的奇景。

行道张皇左右看。春色渐翠掩冬残。
横越四州九百里，慎驶三祝一路安。
连日豪雨终为止，延途阡陌已晴干。
料得东来丹紫气，当除料峭四月寒。

注:

四州～指这次行程途径的宾夕法尼亚州、西维吉尼亚州、俄亥俄州和印第安纳州。

九百里～从匹兹堡到米尔顿直线 450 公里（九百华里）左右，实际路程 320 英里（合 521.6 公里＝1043.2 华里）。

紫气～紫气东来。传说老子过函谷关之前，关尹喜见有紫气从东而来，知道将有圣人过关，果然老子骑着青牛而来；旧时比喻吉祥的征兆。

四月寒～四月，指公历 4 月。匹兹堡地区仍春寒料峭，时有雨雪。

2024 年 4 月 6 日于匹兹堡-米尔顿途中之 70 号高速公路上。

《清平乐·教堂重开》

建于 148 年（1876 年）前，印第安纳州米尔顿教堂，停办十余年后，于今日重启崇拜。本地市长、牧师、长老等前来参加开启崇拜。

朱门红砖，一百四八年。
基督教堂翻新篇，信徒再续天缘。

世事行之维艰，却未减人笑颜。
小城众志成城，喜听悠远钟声。

2024 年 4 月 7 日于印第安纳米尔顿基督教堂

《七言·米尔顿之晨》

行看流水入静渊，古树初萌穿飞燕。
林风殷殷拂鬓发，暖阳冉冉起东天。
老屋微斜栋梁直，丘园杂乱茵草妍。
莫道野乡炊烟少，偶见路人礼当先。

2024 年 4 月 8 日于印第安纳米尔顿

《临江仙·日全食》

黑影整全遮午日，来去却也匆匆。合环留下些许红，举目观赏意，镜墨护青瞳。

科学奇观本就在，人类只是会通。白道黄道总相逢，天体有规律，全在神之工。

注：

会通～融会贯通。

本就在～客观事物本就存在一个规律之中，人类只不过是"发现"绝无"创造"之功，人类必须谦卑，毋需自傲。

白道～月球轨道平面在地球上截出的大圆我们称之白道。

黄道～黄道是太阳在天球上的视运动轨迹，它是黄道坐标系的基准。另外，黄道也指太阳视运动轨迹所在的平面，它和地球绕太阳的轨道共面（看起来像是太阳绕着地球转）。

2024 年 4 月 8 日于印第安纳米尔顿教堂广场

《清平乐·高速公路》

俄亥俄哥伦布市附近一高速公路服务区，有一立碑，纪念美国前总统艾森豪威尔，倡导并签署"州际和国防高速公路和联邦高速公路信托基金"法案，令美国美国二战后经济的发展起飞立下赫赫功劳。不要一天到晚说美国是靠掠夺其他国家资源发展自身经济，美国自己的流通，才是发展经济并惠及他国的主要因素。高速公路的发展功不可没，世界其他国家纷纷效仿，经济利益有目共睹。美国除少数地方投资的高速公路和部分桥梁隧道还在收费，绝大部分高速公路是不收费的，这也是促进经济发展的重要因素。如果把高速公路作为"摇钱树"一味地收费，是不是会成为经济发展的的一个因素，就不得而知。收费的钱，如果为发展更多的高速公路，无可厚非。但只是为喂养大批不产生任何价值的动物（人类也是动物），那就只好另当别论！

艾克将军，弃武立行文。
高速公路呈绮纷，正合军民共勤。

克伦巴司立碑，勿忘流通堪为。
一计搅动天下，天下云起合恰。

注：

艾克将军～艾逊豪威尔将军。美国五星上将，二战盟军总司令。
美国第34任总统，任内倡导修建高速公路，并付与实施。

绮纷～纵横交错。

克伦巴司～美国俄亥俄州一大城。

合恰～正相符合。

2024 年 11 月 9 日于印第安纳米尔顿-匹兹堡途中

《七言·云雨河山》

坐看剪水艇似箭，雨情雾意凝成烟。
阵鸿来去空掠影，孤翁行驻俯仰天。
曲水环山山初绿，故路蜿蜒蜒蜗旋。
江路可知回远意，并与游云一起前。

2024 年 4 月 10 日于维罗纳阿拉根尼河畔

《南柯子·上巳节》

山黯云霾重，雨细暖意浓。
残花零落满地红，春到三月初三沐东风。

袚除畔浴毕，何处去攒丛。
上巳古义为交融，莫要辜负此时剖心衷。

注：

上巳节～上巳（si）节，俗称三月三，汉前定为三月上旬之巳日，后固三月初三。古上巳节举"祓除畔浴"，人结伴水边沐浴，称"祓禊"。后又增加祭祀、宴饮、曲水流觞、踏春等。《周礼·地官·媒氏》："中春之月，令会男女。于是时也，奔者不禁。司男女之无夫家者而会之。""奔"指男女户外"私会"，此时之私情欢爱不算违"礼"。

攒丛～钻树林相聚（这里作"幽会"解）。

2024 年 4 月 11 日于维罗纳自寓。

《七言·连日豪雨》

时逾仲春，美东地区连日豪雨。日内竟连获三次山洪警报，至今尚未见稍止。女儿家对面山体冲下大批石块布满自家车道，看见雨水沿斜坡之冲泄力度。

四处山泉冲溪塘，一春豪雨渗沁凉。
江流席卷天如晦，路行涉潭车似舫。
震雷尚有电火助，滚石却无力士挡。
莫嫌孤陋依醉吟，无月无影怎传觞。

注：

无月无影～《李白·月下独斟》意，李白、月与影"三人"，无月则无影，唯一人也。

传觞～传递酒杯。古代文人一种"曲水流觞"的游戏。可参读王羲之《兰亭集序》中"一咏一觞"的场景。

2024 年 4 月 12 日
于匹兹堡果树山教会（Orchrad Hill Church）

《五言·春晴》

云霾何处去，朗朗一蓝空。
稍间山被翠，时季风自东。
方知需霖意，欲催蕾芽葱。
春雨贵如油，万物赖以丰。

2024 年 4 月 13 日于维罗纳自寓

《虞美人·农谚》

　　一日晴好，西山日落，彩霞满天。时极东北处，闪电连连。农谚云："东闪风，西闪空，南闪火门开，北闪有雨来。"主三更有雨。果于 23:40，电闪雷鸣暴雨袭来。但明应晴日。

东南西北电蛇舞，农谚三更雨。
料得明晓一地红，却应层碧万里一洗空。

不如厨下露一手，治肴送美酒。
窗外暴雨依约至，笑我观象察天预先知。

2024 年 4 月 14 日于维罗纳自寓

《临江仙·春种》

新枝柔柔映倒影，水禽游来搅分。
微风拂面吹养魂。
抬头望飞鸿，低头数归云。

春雨昨日滂沱过，风和地湿气温。
忙整院土施浊涠。
下点瓜禾豆，日来做素飧。

2024 年 4 月 15 日于维罗纳自寓

《武陵春·春暮》

风前柳丝舞娇羞，新草更芊柔。
雨后江流溢漫洲，野禽四处游。

当趁春暮日西头，坐看西行舟。
一杯浊酒醉信鸥，捎去万古愁。

2024 年 4 月 16 日于维罗纳阿拉根尼河畔

《临江仙·春种》

一夜风雨闻轻霁，晨光几粒耀晶。
今日毋需润青茎。
却看幼鸟雏，纠互争食鸣。

此地春候寒暖忽，一时一个阴晴。
季到清明方宜耕。
小圃育新苗，他日有羹菁。

注：
霁～雷声。

藜藿～泛指穷人所食的蔬菜。

2024 年 4 月 17 日于维罗纳自寓

《卖花声·春江》

翠柳红树岸，江流正弯。
上水船接下水船。
皆因一夜凌雨涟，水漫草滩。

东风终驱寒，斜阳亦艳。
寻无人处独依阑。
江鸟觅食来又去，吾与偶伴。

2024 年 4 月 18 日于维罗纳阿拉根尼河畔

《五言·谷雨》

季春一犁雨，园田百苗生。
莫若今布谷，他日库满盈。

2024 年 4 月 19 日于维罗纳自寓

《清平乐·暮江子规》

西岭望断，人孤垂柳岸。
月起东谷江似练，翠芦暂栖归雁。

兴波拍岸如筝，听来总是乡情。

对天一杯浊酒，子规唤我两声。

注：

子规～杜鹃鸟。传杜鹃鸟叫声称"三声一度"。有"不如归去"
"光棍好苦""快快割谷"。各地方言有不同说法，如粤语（广东话）
称"家婆打我"；客家话称"滑哥煲粥"等。

2024 年 4 月 20 日于维罗纳阿拉根尼河畔

《五言·暮江归鸿》

远山杳无际，日暮雁乃征。

北归沿旧道，夜宿避寒城。

候禽奉尊信，世人乖寡诚。

莫沉离恨意，静听云鸿鸣。

2024 年 4 月 21 日于维罗纳阿拉根尼河畔

《清平乐·醉酒佬》

肆前酒罢，一堆别离话。

林中老鸦啼咭咭，更鼓声已三打。

满嘴呢呢嗱嗱，不知喝了几桶？

云步晃晃悠悠，皓月临照当空。

注：

唪～读 feng，吟诵。（和尚、道士诵经，叫"唪诵"）

桶～美国酒吧啤酒分"桶"（听）装和散装（杯）装。

2024 年 4 月 22 日于维罗纳 Hula Bar

《鹧鸪天·四月》

四月季候如翻脸，冷风暖雨日日变。
今夜寒气添衾褥，明朝丽日摇蒲扇。

花自疲，草自倦。何来人间四月天。
仕女应冀新儿愿，志摩原来是渣男。

注：

人间四月天～林徽因诗作。

仕女～林徽因。

说明～这首诗发表于 1934 年 4 月。有两种说法：一是为悼念徐志摩而作；二是儿子出生带来的喜悦和对儿子的期望。我选择后者，没有比诞生一个新生命而令人更快乐的。

2024 年 4 月 23 日于维罗纳自寓

《虞美人·看山》

一夜春风染万山，处处莺啼欢。
盛景需有兴情看，藉着残阳西下坐河畔。

江流极目生愁绪，有念对谁语？
好风何不乘飞鸿，纵送独醉游子过洋东。

2024 年 4 月 24 日于维罗纳阿拉根尼河畔

《醉太平·春夜》

垆肆笙鼓，疏林啼乌。
冷风参差声芜，天地皆醉乎？

寒江一孤，汀洲新芦。
直拗以古为徒，夜半听鹧鸪。

注：
声芜～声音杂乱。

2024 年 4 月 25 日于维罗纳阿拉根尼河畔

《五言·和云萍诗并赞文》

君诗呈青白
信风孕百花
一竿云和月
梦里至尔涯

诗意：

你诗文对仗工整浪漫深情俪青妃白
好像应期而来的信风吹生心中百花
展示江边美丽恬静浪漫的丽日明月
令我感生梦境去到与你相遇的水涯

2024 年 4 月 26 日于维罗纳自寓

云萍原诗：
古道凝霜白
寒星映落花
空江升冷月
无梦在天涯

《点绛唇·忆友》

青山历历，阿江西去澄如浏。
俺亡是叟，伛步蹒跚走。

遥听神州，频频人招诱。
别离久，有负信友，寄情唯诗酒。

注:

亡是叟～如不存在的人。（或"亡是公"）

2024 年 4 月 26 日于维罗纳阿拉根尼河畔

《卜算子·接外孙》

外孙为鼓手，与高中乐队课后排练，吾按时接回。山道弯弯，层林尽翠，真春景也。

风和云天碧，日在西山坠。
山道弯弯树树翠，人在翠中醉。

四顾情入画，耳边乐鼓捶。
孙儿攀肩笑如媚，报知事顺遂。

2024 年 4 月 27 日于匹兹堡～蔓越莓乡途中

《怨春风·醉春》

一春寒意蓼萧，今升溫。車行山間，賞暖春林茂花盛之景。

春山林蕪，春風吹順蜿蜒路。
春空一碧雲一縷，春衫輕俏，且尋春花處。

一春寒意風和雨，今日才覺春意嫵。
常嘆此地春期短，未及惜春，春已悄然去。

注：

怨春風～正名：醉落魄。别名：一斛珠、怨春風、章台月等。

2024 年 4 月 28 日于维罗纳～沙勒罗艾伊来回途中

《鹧鸪天·江愁》

日落暮鸦一声愁，岸柳翠色映西流。
飞鸿何时携离恨，春风一样染白头。

泪易干，情难收。任随相思到神州。
无情山海中阻隔，唯倚栏杆凝湿眸。

2024 年 4 月 29 日于维罗纳阿拉根尼河畔

《蝶恋花·夜江》

江上云帆因风转，剪开水流，人字层波现。
灰云渐遮残月颜。漏光射出夜江练。

无端乡心随山远，归雁无踪，尺书谁来传？
低头皱眉愁不展，忐忑莫叫人前见。

2024 年 4 月 30 日于维罗纳阿拉根尼河畔

五月诗词

《南乡子·雪糕屋》

今热，送外孙至"歌舞学习班"，边一雪糕屋，围满短袖衫裤之食客，外孙及学习班同学，自然不例外。

暑气一日到，夏风吹去夹春袍。
袒臂露腿年少客，酷豪，太阳伞下吃雪糕。

音响摇滚调，身肢摇摆动未消。
惊昨尚惧春意寒，今朝，呃个春 姑不见了。

2024 年 5 月 1 日于匹兹堡"KOOL CONES"雪糕屋

《夏初临·无题》

春懒心情，春余时节，懵懵却送春 归。
一脉春水，春翠映绿春衣。
柳絮轻飐春霏，春阳里羽丝共微。
纵然惜春，春事阑珊，春梦缘非。

蓦然夏来，夏阳临照，雨过夏山，夏 空素霓。
学子休夏，突夏齐行仪礼。

佛夏安居，吾遵坐此夏一季。

夏二子，夏虫滋病，当慎夏分。

注：

夏初临--本名"宴春台"。此调始自张先，盖春宴词也。因黄裳有夏宴词，刘泾改名《夏初临》。

素霓--太阳的光芒。

突夏--大厦。

佛夏安居--佛教语。僧人夏日禁止出外专心坐禅，又称"坐夏"。

夏二子——苍蝇、蚊子。

2024 年 5 月 2 日于维罗纳自寓

《唐多令·模特》

维罗纳阿拉根尼河畔，小楼阳台，一妙龄女子倚栏眺望，四季每有应季服装更换。远观甚美，近看，一"模特"耳。

小楼临清河，楼台倚娇娥，记得楯栏下曾过。

应夏蓝衫腰娑拖，披金发，泄如波。

再观是伊么，手扶横栏木，孤身抬眼望嵯峨。

却是未见展肢婀，定神看，是模特。

2024 年 5 月 3 日于维罗纳阿拉根尼河畔

《声声慢·爵士乐踢踏舞》

呼啦吧(Hula Bar)周六请一爵士乐队表演，置一位少年踢踏舞者，踢踏声配合爵士乐节奏，甚美！

踏踏踢踢，踢踢踏踏，踢踢踏踏踢踢。
今夜 呼啦酒吧，群情奋激。
贝斯大提洋鼓，电子琴、沙斯风笛。
一年少，两脚踢，迅如万马连镝。

醉客狂饮大喫，呼号间，忽然全场凝寂。
道是舞者，猛然炸出霹雳。
扬臂吊腰胯，展尽那，雄雉勇狄。
果真是，新伶人新样儿的。

注：

狄~有力的麋鹿，或乐舞用的雉羽。

2024 年 5 月 4 日于维罗纳 Hula Bar

《生查子·夜雨》

薄醉不成梦，醒来雾九重。
夜来曾风雨，山远霭云中。

梦假可当真，事真却是空。
流水悄无声，密林更翠葱。

2024 年 5 月 5 日于维罗纳阿拉根尼河畔

《柳梢青·夏雨》

影摇风吟，轩窗雨斜，云浓时阴。
气暑衣单，物壮人老，及难事心。

街树枝梢翠青，回望处，天低水霏。
一头白发，半寸稀须，小醉乃今。

2024 年 5 月 6 日于维罗纳自寓

《少年游·孤鸟》

　　春末，孵最后一批鹌鹑。仅出壳两只，然前日其中一健壮者无故死亡。目前唯余一只，形容枯槁，行动迟缓，动辄凌惊。然暂不能与大鸟同笼。危矣！

雏鸟新孵，初诞失侣，孑然凄声。
形之枯伤，神之忧矣，微动辄凌惊。

惶然忆吾少年时，也曾失亲情。
事无依傍，业故艰辛，终究意难平。

2024 年 5 月 7 日于维罗纳自寓

338

《临江仙·夏暮》

青山余晖映村楼，来去水上归舟。
云客嫠忧几时休？
悠哉江中鸥，不识带书邮。

伏看水中蓬斑鬓，稀疏知为何愁？
人与落花同增瘳。
斜阳照柔水，缓缓向西流。

2024 年 5 月 8 日于维罗纳阿拉根尼河畔

《鹧鸪天·夏晨》

濡湿院静睡起迟，笼中嘤鸟和鸣之。
连夜丝雨润翠圃，喜见新苗发几枝。

不经心，填新词，谁管乡梦乱如丝。
且调蔬粒投食器，人老也有痴顽时。

2024 年 5 月 9 日于维罗纳自寓

《荷叶杯·归舟白鹭》

五月东江水满，吹来，一帆风。
小舟归来系腰揽，船头，碧继翁。

注：

碧继翁～唐刘焘《树萱录》："剡人贾传于镜湖见二叟并语，一曰碧继翁，一曰箪栖叟，想与吟诗。贾遽揖之，化为白鹭飞去。"遂以'碧继翁'为白鹭别名。

2024 年 5 月 10 日于维罗纳阿拉根尼河畔

《梅花引·观歌剧》

外孙入一课外歌舞学习班，年汇报演出，连三场。绎百年前纽约报童风餐露宿，受资本盘剥，又受流氓欺负。 终以团结抗争，得正义伸张。纯一无产阶级革命题材。

升斗样，四八梁，梯形坐席人满场。
少儿郎，少儿郎，亦舞亦唱，频出将入相。

本色出演毋扮妆，简陋道具几木箱。
感衷肠，感衷肠，报童流氓，总正义伸 张。

2024 年 5 月 11 日
于蔓越莓乡演艺剧场(Cranberry Twp "Comtra Theatre")

《旧诗节选·天堂的母亲》

你要信主啊
这是母亲最后的嘱托
那样我们在天堂里还能相见
我不知道能不能进天堂
但留下点文字献给母亲

（2016/5/6）

2024 年 5 月 12 日于维罗纳自寓

《百字令·高速公路》

与友人由匹兹堡驾车去纽约，全程高速公路。穿越"蓝岭"，正值初夏，"蓝岭"树木茂盛，青翠欲滴，转眼一幅山水美图，目不暇 接。回想上世纪 50 年代，美国总统艾森豪威 尔首创建设"高速公路"，真划时代创举也！

蓝岭一脉，正丛山叠翠，乔林拱秀。
画境帧帧 目不暇，何况蔚蓝天候。
百鸟惊鸣，麋鹿藏尽 ，上凝仁巡鸳。
初暑渐侵，夹衫霎时除又。

谁劈通路万里，竟无稍阻，直到大埠口。
千车 百乘来去顺，矮墙隔离左右。
九曲盘旋，贴地而行，却如浮云走。
当年意创，真是英明领袖！

2024 年 5 月 13 日于纽约

《七言·纽约布鲁克林市场》

从来物聚人群分，　东去西来却争胜。
欲从本性言人性，　蝇头利前必分崩。

2024 年 5 月 14 日由纽约返匹兹堡途中

《破阵子·纽约匹兹堡回程》

行地千里渐黑，连天一脉青冥。
麋鹿凌惊穿林入，车灯红白鱼贯行。
西边残月明。

幽翠娇绿山树，如泣如诉泉鸣。
季槐万物皆争嵘，夏初鸣蜩展音清。
谁绘此丹青。

注：
季槐~阴历四月(公历五月)。
鸣蜩~一种夏天生成的鸣虫。

2024 年五月 15 日于维罗纳自寓

《更漏子·乡心》

斜月横，孤星冷，酒淡夜凉还醒。
万籁静，人独兴，出看启户扃。

雀鸟眠，鸣虫吟，仰望空幽鸿渖。

天下事，只关情，乡心知浅深。

2024 年 5 月 16 日于维罗纳自寓

《踏莎行·风雨访故》

催云趖雾，风冷成雨，前行茫茫车难驭。

山转水旋树嫩翠，乃情百里为谁去？

病余人瘦，婉笃俏语，五年七载吐心叙。

此时都是方外客，新意旧事总相许。

2024 年 5 月 17 日于维罗纳自寓

《卖花声·种花》

今天在酒吧沿街种多坛花卉增色。

酒肆延街边，拐角一弯，高瓦坛连矮瓦坛。

花红叶绿沃泥肥，清水灌漫。

此时无再寒，草野树繁，闲客云窗倚栏杆。

坐看斜阳落西岭，串饮侑欢。

2024 年 5 月 18 日于维罗纳"呼拉吧（Hula Bar）"

《五言·车祸》

昨午夜前送外孙回家，路静车稀，三车鱼贯。突头车急右转入户，中车本可闪避前行，但却急刹车停，我于后闪避不及，撞前车尾，幸肉体均无大碍，即报警及保险公司按章协助处置。或因小患自我反省引以警惕而至避免大祸也！

三更送孙归，路静车行稀。
一车忽转右，却无示右旂。
后车本可闪，慌乱突刹羁。
我车前后夹，躲闪实不及。
车头撞车尾，悲剧不可违。
前车老妇跳，自辩出言诽。
不予多纠缠，报警待处理。
小患奄大祸，祸福本相依。

2024 年 5 月 19 日于维罗纳自寓

《七言·小满杨花》

此地杨花不解春，　季到小满才弥沦。
道是无情却有意，　素缕白絮乱粘人。

2024 年 5 月 20 日于维罗纳阿拉根尼河畔

344

《河传·友人家对饮》

江岸，倦客，垂云巧。
水长山遥，路迢，杨花如絮乡陌飘。
妖娆，风和垂柳摇。

对酒阳台斜晖没，玻璃盅，烈液襄阳醉。
月挂东，应辞回，一杯，殷勤主人催。

注：

襄阳~主人置酒名"襄阳宴"，出自襄阳。

2024 年 5 月 21 日于维罗纳自寓

《七言·西瓜》

此物消暑最泠凌， 籽黑肉红皮翠青。
临风对月啖龁之， 吟诗句丽词也清。

2024 年 5 月 22 日于维罗納自寓

《南楼令·梦》

夜雨洗浮尘，初阳照翠林，无风无云时暑晨。
食槽杂粮添满了，再注水，喂鹌鹑。

有言催归亲，昨梦聚如真，西溟九万鲲鹏巡。
欲欣五载今日事，终究是，天涯沦。

2024 年 5 月 23 日于维罗納自寓

《柳梢青·浇花》

暑晨微霾，日染林红，江远轻帆。
鸥鸟来时，杨花堕去，人在晓岸。

归来收拾水担，公庭处，细洒花昙。
酒肆道边，低盆高罐，逐一浇灌。

2024 年 5 月 24 日于维罗纳政府广场及呼拉吧（Hula Bar）道边

《五言·夏晨》

天白鸟争鸣，晨凉人一爽。
西留残月淡，东升初日光。

2024 年 5 月 25 日于维罗纳自寓

《五言·亡兵节》

有云："一将功成万骨枯！"

一命事征战，为谁任捐躯。
陌路抛白骨，勋归功成人。

注：

亡兵节～美国的五月最后一个星期一为 Memorial day（或称
"阵亡将士纪念日"）

2024 年 5 月 27 日于维罗纳自寓

《五言·石头》

今参观一大理石加工厂"优质花岗岩出品公司（Quality Granite Outlet）"。设备齐全、先进，规模宏大，产品优质。

奇石藏美图，山水满天濡。
秀纹如云锦，神韵人难摹。

注：

云锦～ 云锦是传统提花丝织锦缎，为南京特产。因其图案绚丽、纹饰华美如天上云霞而得名，与四川蜀锦、苏州宋锦并称"中国三大名锦"。

2024 年 5 月 28 日
于"优质花岗岩出品公司（Quality Granite Outlet）"

《浣溪沙·连日烈风骤雨》

近连日暴雨，局部阵风猛烈，多处断树折枝，狼藉一片，及夜间温度竟降至七摄氏度。

烈风骤雨天连天，摧树折枝酿灾愆。
夏令冬时岂倒颠。

一片狼藉残花叶，几只逐浪钓鱼船。
浓云又遮夕阳前。

2024 年 5 月 29 日于维罗纳阿拉根尼河畔

《谒金门·雨后夏暮》

闲倚栏，雨洗气凉暑淡。
远山红霞明艳艳，归鸟三四点。

万溪汇流水宽，艇舟江鸥共泛。
翠浪轻拍泥漫滩，西风吹已减。

2024 年 5 月 30 日于维罗纳阿拉根尼河畔

《浪淘沙·乡魂闲愁》

水缓浆声柔，芦翠芳洲。
浓密林树荫小楼。
疑是乡山魂一片，江中孤舟。

乡梦几时休，平添闲愁？
冬春过了又夏秋。
倘与鲲鹏同渡海，莫知回头。

2024 年 5 月 31 日于维罗纳阿拉根尼河畔

六月诗词

《好事近·朋友买屋》

好友买屋，嘱同往勘验。

柴门小院虚，窗明室亮干净。向朝紫气东来，照一片草碧。百年老屋横竖壁，居然无衰迹。料得顺心如意，签买卖册籍。

2024 年 6 月 1 日于匹兹堡北雪尔镇

《酷相思·苦相思》

假期近，挚友呼唤相聚。

五年离情了也未？唯闻催，无应期。
怎奈何，万里天涯地。
你也知，不得意；我也知，不得意。

天命岁老衰倦至。
无状病，肩头事；乡愁重，日日心力弛。
我也知，你念思；你也知，我念思。

2024 年 6 月 2 日于维罗纳自寓

《七言·毕业礼》

外孙于初中（八年级）毕业🎓，今举办毕业礼！所读为私立天主教学校，毕业礼按天主教仪式举行。外孙是唯一一个获被录取高中奖学金的学生。

吾孙今日毕初科，业师学侪同颂歌。
二十一块荆山玉，来日何处有卞和？

2024 年 6 月 3 日于北雪儿镇天主教堂

《七言六句·叹"陆机雾"》

陆机非罪死日昏，肆矜凭谁且莫论。
精志可恸天降雪，神勇能叫鬼失魂。
永叹物感情生意，存亡绝续在昆仑。

注：

陆机雾～《晋书-陆机传》："机既死非其罪，士卒痛之，莫不流涕。是日昏雾昼合，大风折木，平地尺雪，议者以为陆氏之冤。"后以"陆机雾"为蒙冤之死典。

陆机～西晋文学家。曾任平原内史，成都王司马颖将军，兵败被谗杀"。著《文赋》等名篇。

2024 年 6 月 3 加 1 日于维罗纳自寓

350

《清平乐·夏雨》

细雨轻洒，风凉易消夏。
檐流直泻瓜棚架，牵藤满墙乱爬。

薄酒浮热陋身，摇扇摆头送爽。
一霎燕子飞过，西边透出晴朗。

2024 年 6 月 5 日于维罗纳自寓

《巫山一段云·乱云朝暮》

凝雾遮青峦，碧流逆行舟。
水声山色聚信鸥，乡思更悠悠。

乱云朝还暮，一叠一重愁。
谁问君家何所求，乘云翔五洲。

2024 年 6 月 6 日于维罗纳阿拉根尼河畔

《减字木兰花·江畔酒肆》

鸥鹭凫渚，青荻绿芦阿江淑。
却诱乡愁，细腰弯月落西嵝。

酒肆笙管，吹乱疲极相思缕。
九转回肠，谁在放歌足酣觞。

2024 年 6 月 7 日于维罗纳阿拉根尼河畔

《眼儿媚·中华舞蹈》

匹兹堡中华舞蹈家吴燕来，立"匹兹堡燕来舞蹈学院"凡二十载。培养大批华洋学子，为传承、传播中华舞蹈鞠躬尽瘁，贡献良多。今晚（2024 年 6 月 8 日）在"匹兹堡大剧场"举办庆祝建院二十周年大型舞蹈演出！

身如春水动流波，挥袖映秋罗。
盈盈徐动，弱弱寸步，明月云河。

是廿载勤勤育礴，佳人也青娥。
名扬神州，载誉四海，舞界仙魔。

2024 年 6 月 8 日于匹兹堡大剧场

《浣溪沙·裹粽子》

教会几位福建女士按福建习俗裹粽子，只用糯米、花生和少许卤水搅拌。煮凡三小时即熟，开锅香气扑鼻。糯米的柔软，花生的熟脆，入口十分美味，如喜甜者，可粘白砂糖。

糯米粒粒如玉丸，花生颗颗似金弹。
卤水稍点香满壇。

嫩臂纤细卷芦叶，纱线悠长捆粽团。
一锅炖了作午餐。

2024 年 6 月 9 日于沙勒罗伊"耶稣基督教会"

《七言·端午节》

时逢端阳更伤情，老来异乡感慨生。
啖尝楚粽寻习俗，一觥蒲酒酹升平。

2024 年 6 月 10 日于维罗纳自寓

《中序第一·赞燕来舞蹈》

2014 年春，观看"燕来舞蹈学院"大型舞台舞剧《中华胡桃夹子》后作，恍恍十年矣！

娇情因管弦，回裙转袖如飞雪。
芳姿尤态妖妍，弱步随柳曳。
腰弯如月，云生翠浪，风动芊魂，凌波绝。
回顾含笑，猛然终一阕。

惊杰！
君山春晖，澄江晓壁。
志高洁，滇地娟娟少娥，舞上青云，展露风阅。
西去故国远，弄潮意，意坚如铁。
吾今识，舞遍天下，流尽中华血。

2024 年 6 月 11 日重发于维罗纳自寓

说明：
关于曲牌《中序第一》，传宋词人姜夔作《霓裳·中序第一》：
其"丙午岁，留长沙，登祝融，因得其祠神之曲，曰《黄帝盐》《苏合香》。又于乐工故书中得商调《霓裳曲》十八阕，皆虚谱无辞。按沈氏《乐律》：《霓裳》道调。此乃商调。乐天诗云："散序六阕"。此特二阕。未知孰是。然音节闲雅，不类今曲。予不暇尽作，作中序一阕传于世。予方羁游，感此古音，不自知其辞之怨抑也。"

故历来以《中序第一》填词，或为此一曲。

吾所填之《赞燕来舞蹈》可为第二。

《七言·致友》

鱼潜深水鸟穿云，俯仰只见影相随。
他日倘有相逢处，知是欢喜知是悲。

2024 年 6 月 12 日于匹兹堡果树山教会

《夏初临·炎热》

匹兹堡连两日最高 30 摄氏度。

仲夏时节，初夏心情，仿佛刚送春归。
一脉清江，连峦浓处翠微。
气艇搅乱映晖，惊鸥鹭，素羽交飞。
钓鱼船轻，叹渔人忙，观者成围。

云高气爽，孤村烟直。
骄阳如炙，九路人稀。
浑浑暑蕴，追随红日落西。
惆怅晚餐，不如灌凉啤充饥。
点一份，素菜肥腴，都付脂脐。

2024 年 6 月 13 日
于维罗纳阿拉根尼河畔和呼啦酒吧（Hula Bar）

354

《五言·两首》

其一：雷暴

拂晨彩霞红，知有午时风。
果然倾盆雨，雷暴震耳聋。

其二：夏雨

夏雨隔山楹，左晴右无晴。
左花口燥燥，右花泪盈盈。

2024 年 6 月 14 日于维罗纳自寓

《钓船笛·醉宿一隅地》

《钓船笛》原名《好事近》

曾浪迹江湖，浪浊扁舟难繫。
迷岸晴沙虽好，总不如乡里。
从今只恋阿江边，与鹭鸥相嬉。
凉夜一杯冽满意，醉宿一隅地。

2024 年 6 月 15 日于维罗纳阿拉根尼河畔

《自由诗·永远不会忘记》

（旧诗重发，略作修改）

父亲的容颜永远也不会忘记
因为我长的就是那张脸
父亲的嘱托永远也不会忘记
因为我正遵照他说的办
父亲的期望永远也不会忘记
因为我不断努力去实现

没有太多话在父亲节里说
因为我天天在叨念
最好的纪念是时时怀着感恩的心
何必在乎哪一天

父亲已成为一个概念
站在家的最前沿
面临困难走在最前面
宽大的身躯为家人迎风挡寒
柔软的臂弯给家人温暖

2024 年 6 月 16 日于维罗纳自寓

《定风波·中招》

一声咳嗽一声吟，炎热天气时疫侵。
莫提越来人越老，谁管，天地圣贤仁不仁？

前事仿佛有余悸，乱营，真医假药七不堪。
不如涎涎成酒咏，莫问，平上去入无处寻。

注：

七不堪～嵇康《与山巨源绝交书》："有必不堪者七，不甚者二。"之语。后以"七不堪"作慵懒和不能为之典故。

2024 年 6 月 17 日于维罗纳自寓

《五言·新雏产卵》

今春人工孵化之小鸟，已长成，并开始产卵，今获蛋四枚。

新雏竟长成，蒲窝获四卵。
天然有常理，世代顺迭嬗。

2024 年 6 月 18 日于维罗纳自寓

《七言·良夜》

江水西去思幽幽，万里佳期怎相酬？
从此有心观良夜，何时玉盘何时勾？

2024 年 6 月 18 日于维罗纳阿拉根尼河畔

《清平乐·小恙夜江行》

阳骄气煊，风热花草旱。
东天月起江如练，光染芦花银幻。

谁教病久医成，小恙独自鉴衡。
人后不经意处，问有多少咳声。

2024 年 6 月 19 日于维罗纳阿拉根尼河畔

《五言·高尔夫》

陪同外孙打高尔夫球。

高低绿茵坡，远近牛眼窝。
气定神则凝，力合自无蹉。
飞杆击实球，拿准入巢窠。
吸氧尚未醉，日落西山峨。

2024 年 6 月 20 日
于"火星圣地高尔夫球场"（Mars- Bethel Golf）

《六言·止于》

今日"夏至"。

昼长止于夏至，地倾止于黄经。
生命止于死亡，邪恶止于神莹。

注:

神莹～心底明彻。

2024 年 6 月 21 日于维罗纳自寓

《七言·气焰》

匹兹堡地区连日高温，最高 32～35 摄氏度。

晨曦红霞映水中，水中天际一样红。
红日煮云腾雾气，雾气如焰人如烘。

2024 年 6 月 22 日于维罗纳阿拉根尼河畔

《满江红·醉青昊》

追名逐利，盛荣衰辱，寻烦困恼。
卧榻上、孤衾独枕，煎熬晨晓。
百年人生斑鬓雪，三病四痛总不好。
便金昭玉粹又如何，终归老。

生富贵，尚难保。死功业，一没了。

争来又争去，能争多少？

正逢翠山清江映，半块玉璧沉光姣。

携一壶老酒吟风月，醉青昊。

2024 年 6 月 23 日于维罗纳阿拉根尼河畔

《好事近·忆友》

醉吟夕阳山，飞云不载书帖。

像是随风西去，渡万山翠叶。

事过且忘身与名，祗对天媚悦。

蓦然于无声处，听阳关三叠。

注：

阳关三叠～唐王维诗《送元二使安西》，抒写离情名篇。全曲三段，反复三次，故称"三叠"。又称《阳关曲》《渭城曲》。

2024 年 6 月 24 日于维罗纳阿拉根尼河畔

《七言·致友》

眼前溪山如画屏，却道此景似故乡。

苦遭疫毒五年害，愁盼归程万里长。

有心赴约空侈口，无计凑句诉中肠。

或待秋风透消息，或能与尔互交觞。

2024 年 6 月 25 日于维罗纳阿拉根尼河畔

《卜算子·夜江》

江水没嬉鸥，乱飞绕游艇。
波激虽起东来风，却无归鸿影。

绿树弄斜晖，人静水如镜。
何来诗意引我驻，半个明月映。

2024 年 6 月 26 日于维罗纳阿拉根尼河畔

《五言·擂台》

在呼啦酒吧大屏幕观看俩耄耋老人为竞选美国总统举办首场
电视辩论赛。

耄朽摆擂台，耋吏迎战来。
期契实与虚，颐光难量猜。

注：

耄朽～老朽、衰老。
耋吏～老吏。
（藏头）耄耋、期颐～八十左右、百岁。
期契～誓约。
颐光～颐养精神。

2024 年 6 月 27 日于呼啦酒吧（Hula Bar）

《点绛唇·时感》

云薄绿稠，一湾碧水映日丽。
列岸水村，归舟胡乱系。

汀洲鹭鸥，唧唧声倦憩。
此时暗涕，谁会相思意。

2024 年 6 月 28 日于维罗纳阿拉根尼河畔

《行香子·下象棋》

与一象棋高手手谈，四盘皆铩羽而归。

楚河汉界，黑后红出。
将士相，车马炮卒。
耄耋翁俩，手谈棋术。
有万般计，万般技，万般秩。

当头炮轰，屏风马粟。
第三步，长车驰疾。
佈阵固防，相持稳晔。
算三步间，三步虚，三步实。

2024 年 6 月 29 日于 Riverfront Dr 公寓

《浪淘沙·划龙舟》

宾夕法尼亚州印第安纳大学（Indiana University of Pennsylvania）刘士娟老师率学生来匹兹堡龙舟俱乐部体验划龙舟，沉浸式学习中华文化。

看龙舟双双，江心齐发。
艒艒咚咚听鼓伐。
挥桨奋力拨逆水，行如滑。

华洋人壮壮，云高日辣。
谁顾汗淋巾衣潺。
高师巧佈笃行课，沉浸文化。

2024 年 6 月 30 日于 Fox Chapel Marina

七月诗词

《定风波·仙狐圣殿码头》

昨与乡友聚于 Fox Chapel 码头酒吧。

仙狐圣殿酒一盅，栏外碧水映蓝穹。
野禽眼前留不住，来去，飞逐龙舟戏东风。

龙舟远去暂不见，只见，左边瑶池玉体丛。
难得仲夏聚友人，四人，一双母女俩乡翁。

注：

瑶池～指酒吧左一大型游泳池。
玉体～指游泳池中泳装男女。

2024 年七月一日于维罗纳自寓

《五言·玄武门》

历史上的今天：公元 626 年 7 月 2 日

唐皇李渊次子秦王李世民发动玄武门之变，暗杀皇太子李建成和四弟李元吉。称唐太宗。

兵刀玄武门，兄弟成冤魂。
权力是何物？喋血满乾坤。

2024 年 7 月 2 日于维罗纳自寓

《清平乐·歇夏》

天水如画，岸静人歇夏。
绿树风摇雨丝下，引来翔鸥声咤。

困来斜倚蓝凳，须臾泱汗如蒸。
一霎灰云带雨，隐约感到秋声。

2024 年 7 月 3 日于维罗纳阿拉根尼河畔

《五言·独立宣言》

人人生而平等，造物者赋予其若干不可剥夺的权利，包括生命权、自由权和追求幸福的权利……。

政府的正当权力来自于被治理者的认可……。

当政府一贯滥用职权、强取豪夺，一成不变地追逐这一目标，足以证明它旨在把人民置于绝对专制统治之下时，那么，人民就有

权利，也有义务推翻这个政府，并为他们未来的安全建立新的保障。～摘自美国《独立宣言》

众生皆平等，生存须自由。
人民赋权力，不称既另谋。

2024 年 7 月 4 日于匹兹堡雪尔镇女儿家。

《人月圆·闲来》

世情变幻鹏蝶梦，乡情悲天涯。
江岸乔树，汀洲芦荻，密林暮鸦。

小阁陋室，俗书乱列，侧近酒家。
闲来何事，一觥陈酿，两盏清茶。

2024 年 7 月 5 日于维罗纳自寓

《七言·小暑》

黄经一百零五度，六月之初为小暑。
风来再无丝凉意，顽躯如蒸心如煮。

注:

黄经～天球黄道坐标系中的经度，由春分点向东起量度，小暑在 105 度处。

2024 年 7 月 6 日于维罗纳自寓

《鹧鸪天·牢骚》

徘徊江岸忘相思，谁知相思随到斯。
盟鸥笑我情难改，我道无奈羃已丝。

羃已丝，何惧死。我就愚顽了事痴。
一世俗缘原无定，牢骚都在此俚词。

2024 年 7 月 7 日于维罗纳阿拉根尼河畔

《南柯子·逍遥游》

眺望游船坞，凝视蒹葭洲。
闲数江中不系舟，此舟怎能载我逍遥游。

素笺濡墨乱，疲心提笔羞。
水流弯处有信鸥，无奈信鸥不解相思愁。

2024 年 7 月 8 日于维罗纳自寓

《临江仙·昔时》

昔时乡丘亲侑饮，添了多少欢愉。
别来一晃五年疏。
若是再相见，俗情依如初？

休问相思意何如，万里婵娟共睹。
离合悲欢总凄苦。
人生一场梦，似有还似无。

2024 年 7 月 9 日于维罗纳自寓

《七言·南风》

今一日南风，查天气预报，有三日高温。

南风吹乱不繫舟，料得三日热噓咻。
莫道无处存凉意，三更月落阿江头。

注：

月落～农历初五前后，月出在中午前后，月落在午夜前后。

2024 年 7 月 10 日于维罗纳阿拉根尼河畔

《满江红·都是客》

西风无力，云不动，悄然暮色。
苍茫间，山远树近，倒影渐墨。
乡翁无知充儒雅，偏吟江红水黑。
抬头望，一天繁星列，残月白。

生平事，遗恨多。名和利，割舍得。
不如人意初，常八九十。

世情如梦亦如烟，谁能悟透是非格？

回首看，依稀枯荣路，都是客。

2024 年 7 月 11 日于维罗纳阿拉根尼河畔

《鹧鸪天·无聊生涯》

八旬虚度鬓已华，陌居山水遍野花。

无人可与鸟为伴，有愁消愁酒与茶。

三棵秧，两只瓜，肥叶乱长满篱笆。

不望秋来有些收，只把无聊作生涯。

2024 年 7 月 12 日于维罗纳自寓

《乌夜啼·造势大会》

7 月 13 日下午，美国总统候选人川普，在宾州巴特勒农展广场举办竞选造势大会，现场号称八万人参加。

夏阳整日炎炎，雨汗淹。义友相招，去日就云瞻。

万人聚，旌旗展，声震天，喧拥世雄人杰上端尖。

2024 年 7 月 13 日于宾州巴特勒农展广场

《采桑子·最相宜》

一生漂泊总是客，岁月蹉跎，颠簸坎坷，老去光阴驹过隙。

而今何事最相宜，清江日夕，阡陌云碧，独醉独吟独介僻。

2024 年 7 月 14 日于匹兹堡雪儿镇女儿家

《七言·暮时暴雨》

夕暮雨暴一刹价，酷热乍凉人清泠。
开窗且放半月入，却见鱼塘耀天星。

2024 年 7 月 15 日于匹兹堡雪儿镇女儿家

《七言·夏暮云霞》

一轮斜阳未落山，半边明月已跃天。
斑斓云霞空有梦，坐帐无鹤怎乘轩。

注:

坐帐无鹤～思念故土之典故。典出晋葛洪《神仙传》载丁令威成仙化鹤飞回故乡故事。

2024 年 7 月 16 日于匹兹堡雪儿镇女儿家

《七言·至成都文友》

成都文友王,将吾古体诗词改为现代诗,不失意境且声韵俱佳,实为再创作也。

品读来稿惊尔博,洒洋盈目再创作。
君循我意谱新律,我悖世情抄旧格。
新律顺行合众兆,旧格逆时作自缚。
来日天府约雅聚,共将诗意化豪酌。

2024 年 7 月 17 日于匹兹堡雪儿镇女儿家

《浪淘沙·离愁》

心乱最难酬,漂泊之舟。
御风飞到天尽头。
尽头依然空幽幽,哀心何由。

兀自是梦游,倾语喔酒。
有情有义有绸缪。
忽见明月照孤身,总是离愁。

2024 年 7 月 18 日于维罗纳自寓

《好事近·诺约》

凉晨小院寞，叶滤光线如箔。
羡慕自由来去，几只觅食雀。

心中尚有未见人，万里怎会约？
盼正晚秋时节，交杯相对酌。

2024 年 7 月 19 日于维罗纳自寓

《相见欢·寄相思》

年年误却归期，念在兹。
谁来安抚愁绪，惟有诗。

江水月、梅花雪、傲霜枝。
搅进横笔竖划，寄相思。

2024 年 7 月 20 日于维罗纳阿拉根尼河畔

《南乡子·六月十六月》

道是十六月亮分外圆。

相思总难眠，偏是今夜月正圆。
三更棒鼓惊微醺，哪哪，圆缺一度一茫然。

曾记伏暑天，仗气举酒恣意欢。
莫问别来多少泪，涟涟，料尔万里共婵娟。

2024 年 7 月 21 日于匹兹堡雪儿镇女儿家

《五言·湿衣》

好友王，冒雨改善我车性能。

雨来路人稀，信友湿夏衣。
携器善吾车，吾车如革翚。

注：

革翚～革，翅膀；翚，飞翔。

2024 年 7 月 22 日于维罗纳自寓

《七言·破楼》

青山流水眠盟鸥，酒肆招旗醉酒酘。
乡翁四壁无它物，杂书千卷存破楼。

注：

酘～多次酿造的酒。

2024 年 7 月 23 日于维罗纳自寓

《解佩令·拟约》

三十年东，三十年西。
此平生，鬓发白尽。
老来判词，大抵是、终天遗恨。
不由人，从顺许认。

相思一度，乡愁一度。

只余得，咏怀伤绪。

灰云飞孤，翘首望、万里归途。

拟约在，深秋叶枯。

2024 年 7 月 24 日于匹兹堡雪儿镇女儿家

《顺口溜·诚信》

今与国内来好友去宾州巴特勒川普被刺现场浏览。路经一农舍仓库立牌言"无人"售"土鸡蛋"，我等入内自行取"土鸡蛋"两盒 24 枚，放钱于一纸盒内，离去。

农舍库门开，门口挂招牌。

场主农活忙，无暇来招待。

鸡蛋柜中搁，自己兑钱财。

民风此淳朴，诚信本应该。

2024 年 7 月 25 日于宾州巴特勒某农舍

《定风波·光阴》

莫道寸金寸光阴，老来不值一掌金。

暑热天气气更短。

不如，半杯冰粒酒倾深。

临窗独自忆往事，休问！半世悲凉半世奔。

痴看残月映暗林。

应心，寻点字句凑此吟。

2024 年 7 月 26 日于维罗纳自寓

《谒金门·致友》

倚栏杆，西去江水凝湛。无云蓝天明灿灿，翔鸥三四点。

伏夏已去大半，几时得见侬面？
日日敲击荧屏键，锦城当同泛！

2024 年 7 月 27 日于维罗纳阿拉根尼河畔

《捣练子·乐队》

呼啦吧夜场乐队，由十三岁外孙 Brandon（元君）担纲架子鼓，获满堂彩。

六弦琴，金石声，五指弹拨迅如争。
少年奇技架子鼓，雨骤电闪一座惊。

2024 年 7 月 28 日于呼啦吧（Hula Bar）

《七言·王君》

王君不惜烈日炎，为我座驾改键铃。
叡智伎巧偏忠勤，克堪劭精求丰严。
世上本无疑难事，脑中却有万能潜。
事成更觉心头爽，冰镇白水分外甜。

注：

键铃～锁。

2024 年 7 月 29 日于维罗纳自寓

《钗头凤·左毒》

骤雨稠，花乱落，俄顷初觉秋凉意。
大暑尽，秋来时。
地球变热，都是扯皮。
嗤、嗤、嗤！

寰宇宽，地球微，唯人自视轩昂气。
殊不知，狗臭屁。
尚左骗子，乱性妖姬。
衰、衰、衰！

2024 年 7 月 30 日于维罗纳自寓

《七言·夏虫》

美国猪党推举一个以"小三"上位，推行 LGBT+Q 和纵容犯罪
的"零元购"的总统候选人～骆蚂垃。将把美国引向何处？

十年隐地蜕成蝉，一朝出土鸣声展。
抱树吸吮精华液，夏虫何必言冬寒？

2024 年 7 月 31 日于维罗纳自寓

八月诗词

《浪淘沙·勾惹乡愁》

风起蝉声惆，略感伤秋。
平远云树掩城陬。
夕照鳞波金一片，染了浮鸥。

西去不尽舟，勾惹乡愁。
乡愁未了又思愁。
倘得与尔再相遇，村酒燕醅。

2024 年 8 月 1 日于维罗纳阿拉根尼河畔

《水调歌头·人生几许》

人生有几许，半多竟坎坷。
有谁为我潜碚，我自去消磨。
相招江中飞鸥，与我伴为吟盟，翔飞绕诗舸。
凝赏山山水水，心潮起澜波。

百年事，皆天予，人奈何？
人故分分合合，悲喜只一蹉。

合则一醉颜酡，分也共仰云月，光阴去如梭。

孤愁莫倚栏，倚栏愁也呵！

2024 年 8 月 2 日于维罗纳阿拉根尼河畔

《五言·重逢》

离开匹兹堡十年之老友来访，所谓："有朋自远方来 不亦乐乎"也哉！

情专谓为忠，色雅黄白蕙。

万里探老友，耄耋一乡翁。

睽违十年久，相逢顷刻融。

话语难尽述，都在杯酒中。

注：

忠～老友名讳中一字。

色雅黄白蕙～藏老友夫人名讳。

2024 年 8 月 3 日于维罗纳老四川饭馆

《乌夜啼·秋意》

昼炎夜凉醉消，怅寂寥。

沁润秋意，林叶渐枯焦。

避不了，黄鸡唱，人渐老。

谁道流水尚西人再少？

378

注：

黄鸡及末句～苏东坡《浣溪沙》有句："谁道人生无再少？门前流水尚能西！休将白发唱黄鸡！"（苏东坡也終老矣）。

2024 年 8 月 4 日于匹兹堡雪尔镇女儿家

《七言·秋意》

初觉秋意夜寂然，水映无月星满川。
莫道孤影怅凄恨，一样高清付毫笺。

2024 年 8 月 5 日于维罗纳阿拉根尼河畔

《五言·雷雨》

万里晴空，突乌云密布，雷声滚滚，骤雨狂风，见花堕叶落！明日"立秋"节气，此迎秋也！天道有序，岂任指什么"气候变化"说？

乌云佈天外，滚滚雷声来。
风起花叶落，雨骤天池开。
夏雨迎秋立，秋立送夏哀。
四时自有序，莫故另量猜。

2024 年 8 月 6 日于匹兹堡雪尔镇女儿家

《五言·生日》

今日"立秋"为公历生日，后日七夕为农历生日……。

时光催人老，今日又立秋。
微凉克炎伏，骤雨涨西流。
乡远思归雁，力衰怯飞虬。
鹊桥渡已近，河汉望牵牛。

《五言·镜中》

万物皆身外，水月在镜中。
不如满鬓白，日日迎秋风。

2024 年 8 月 7 日于匹兹堡雪尔镇女儿家

《蝶恋花·秋思》

唧唧虫声声不已，只一虫声，就知伤秋抵。
初月当庭云如弥，凉光直照轩窗里。

夜深渐觉冷露起，单衣薄裓，一碗热禾酏。
书篇亲札词丽绮，付与西流随波去。

注：

禾酏～米粥。

2024 年 8 月 8 日于维罗纳自寓

380

《鹊桥仙·月照青嶂》

月照青嶂，芦荡鸥藏，细察乌鹊天上。
不见只翅负织娘，却只有，层峦云乡。

一杯迷茫，伊人形状，引喉三叹一唱。
何来金风玉露，却只有，银汉骇浪。

2024 年 8 月 9 日于维罗纳自寓

《七言·七夕》

七夕誔乳八旬苍，一生被人唤牛郎。
却学眉州苏学士，从不以此做文章。

注：

誔乳～出生。

2024 年 8 月 10 日于维罗纳自寓

《念奴娇·何处》

去日者少，算百年命长，又能何处？
八旬虚度乏可陈，何况七观顽腐。
阿江埠头，晓岸树下，蓝凳闲数楫橹。
名利勘误，只赚得个辛苦。

也曾误卷尘俗，骛远才疏，颠簸人生路。

穷暮幸亦然恍悟，採菊东篱山浦。

读书是欢，临笔是乐，再弄点艺圃。

倘欲小醉，舍边即是酒酤。

2024 年 8 月 11 日于维罗纳阿拉根尼河畔

《七言·克锈》

今给座驾换后轮刹车，螺栓锈住难卸，不敢妄动，先注"除锈剂"静观。

螺栓锈涩因久蚀，为力无计奈何之。

固水不流即腐朽，睿才常用有福德。

世间并无弥永利，人心且当新创思。

实宜下问补遗缺，查卷寻网遍叩咨。

注：

德～给予、施予。

2024 年 8 月 12 日于维罗纳自寓

《洞仙歌·问天》

林树减碧，山溪逐少清，尽日西风吹凌乱。

阿江边，静听流水有声，仰看飞鸿目断。

穹空幕顶上，皎月半面，何时万里能相见。

厌夜夜劳歌，心弦凄凉，又激起，五年幽怨。

问苍天，可消弥悚慹，还祥和平安，清净人间。

注：

劳歌～忧伤、惜别之歌。

悚慹～恐惧。

2024 年 8 月 13 日于维罗纳阿拉根尼河畔

《青玉案·秋景》

天然一幅山水画，风挥毫，红云霞。

浑浑夕阳正西下，落鸿掠影，几点昏鸦，噪叫声呱呱。

天也妆容扮兰秋，草熟树谙显琪葩。

自古多情是秋华，小桥流水，西风瘦马，断肠人天涯。

注：

琪葩～仙境花草。

小桥流水三句～取自马致远《天净沙·秋思》："枯藤老树昏鸦，小桥流水人家，古道西风瘦马。夕阳西下，断肠人在天涯。"

2024 年 8 月 14 日于维罗纳阿拉根尼河畔

《五言·思友》

迎面夜风馨，独立江畔亭。
激水声销尽，去舟行不停。
归来掩柴扉，仰看半月清。
小酌寄好梦，整装随船行。

2024 年 8 月 15 日于维罗纳阿拉根尼河畔

《菩萨蛮·秋催》

秋风逐日吹树空，一林危叶色自薔。
远山掩余光，江水分外长。

离情催人老，也催蓬鬖皓。
盱目南雁来，载我去兰台。

注：
兰台～原指宫廷藏书处，此借指故乡。

2024 年 8 月 16 日于维罗纳阿拉根尼

《踏莎行·秋暮》

雁落慵倦，蝉鸣声软，秋暮西风吹云绚。
明月已过丛山左，守静乐得宁体便。

闲时书卷，空时圃园，小村偏离尘嚣远。
自酿新酒两三昙，兀自得意不嫌酸。

注：

宁体便～使心神安宁、舒适。

自酿～家有葡萄数支，自酿葡萄酒。

2024 年 8 月 17 日于维罗纳自寓

《浪淘沙·中元节》

七月逢十五，中元节甫。

祭天祭地祭乃祖。

开赦孤魂出地狱，人来超度。

因何总冤狱，地王难顾。

莫叫人皇成民蠹。

万千莲灯随风去，心香一炷。

2024 年 8 月 18 日于维罗纳自寓

《和嘉辉诗步韵》

北园微雨润西风，黄叶残荷落池东。

茶艺书品不羁士，牡丹仙子一衰翁。

嘉辉原诗：

海派书装猎古风，天青烟雨品茶冬。

三江多少名学士，独拜仙姑不老翁。

《临江仙·乡梦》

游子久离乡梦在，又是一度秋声。
借着行舟数归程。
数来数去，依然数不清。

云遮不知天远近，却见圆月孤明。
夜阑端坐绸罩灯。
斟词酌句，写个愁诉呈。

2024 年 8 月 19 日于维罗纳自寓

《四字令·醉莫醒》

野岸凝津，荻芦尚青。
恍惚隐约风笙，却是野鸟惊。

人生悲欣，冷月亏盈。
何况天赐恩幸，一杯醉莫醒。

2024 年 8 月 20 日于维罗纳阿拉根尼河畔

《乌夜啼·秋夜》

匹兹堡秋凉，入夜降至摄氏十度。

残月初挂墙东，躲云丛。
顿觉沁凉入怀，是西风。

银汉转，七斗偏，三更終。

对影把酒难醉，乡思梦。

注：

对影～李白《月下独酌》："花间一壶酒，独酌无相亲。举杯邀明月，对影成三人。"

2024 年 8 月 21 日于维罗纳自寓

《五言·处暑》

今日处暑，匹兹堡已无暑意，秋也。

立秋秋已立，处暑暑何处。

是候禾乃登，义禽鹰知俎。

注：

禾乃登-禾者，谷物总称；登，成熟。

义禽-秋属金，五行为义。鹰感金气肃杀，始捕击诸鸟。鹰不击有胎之禽，食必先祭之。

俎-祭奠器皿，此作祭奠解。

2024 年 8 月 22 日于维罗纳自寓

《五言·晨雾》

今晨入秋第一场浓雾。

雾浓青山没，风柔平水波。
露草蒸烟树，野鸟乱林窝。

2024 年 8 月 23 日于维罗纳阿拉根尼河畔

《七言·一江秋》

孤身孤影阿江头，阿江尽处云霞稠。
夜来风凉苍鬟乱，思君草赋一江秋。

2024 年 8 月 25 日于维罗纳阿拉根尼河畔

《五言·读书郎》

美国学校陆续开学，已送两位高中学子去学校参加开学典礼。

早起理盛装，欢喜去学堂。
十旬假期过，寸心读书忙。
路遥需起步，功成当积量。
他日栋梁柱，今朝读书郎。

2024 年 8 月 27 日于维罗纳自寓

《卷帘诗·秋韵》

正读：

凋叶逐风西山青，近埠归舟荡鸟惊。
廖廖悠阳斜垂暮，丹丹红霞晚天晴。
桥连衢巷陌径小，光闪晶波水粼清
遥仰远矣难归路，绕指数点几雁征。

倒读：

征雁几点数指绕，路归难矣远仰遥。
清粼水波晶闪光，小径陌巷衢连桥。
晴天晚霞红丹丹，暮垂斜阳悠廖廖。
惊鸟荡舟归埠近，青山西风逐叶凋。

2024 年 8 月 28 日于维罗纳阿拉根尼河畔

《西江月·无题》

人生犹如谀优，世事幻如蜃楼。
不系小舟四海浮，声名色利楚囚。

幸有三杯薄酒，况居碧水云丘。
四时相伴有盟鸥，于我词句清遒。

注：
谀优～俳优、戏子，今称"演员"。

楚囚～泛指被囚困之人。

盟鸥～与鸥鸟结盟，喻退隐。

2024 年 8 月 29 日于维罗纳阿拉根尼河畔

《临江仙·归心》

畸翁江岸旧梦在，流水皆是归声。
华夏历上数行程，吉凶未知，归心却至诚。

万里咫尺天远近，仰见残月孤明。
遥念珍重待相见，邀空对影，举杯共一醒。

2024 年 8 月 30 日于维罗纳阿拉根尼河畔

《五言·秋暮》

西江碧水漾，银鸥展翅飞。
林树渐秋色，远山落余晖。
乡邻驱车返，倚翁带书归。
互问非相识，人静闻鸣蜚。

注：

倚翁～孤身老者。此自称。

2024 年 8 月 31 日于维罗纳阿拉根尼河畔

www.ingramcontent.com/pod-product-compliance
Lightning Source LLC
Chambersburg PA
CBHW030351130626
46549CB00004B/1443